지역·미디어·교육

생애주기 미디어교육부터
아카이빙 교육까지

차례

1장　최초의 미디어 경험이 만드는 즐거운 상상

놀며 배우며 알차게 즐거운 유아미디어교육　19

2장　어린이들의 슬기로운 유튜브 생활

디지털 시민성을 키우는 디딤돌이 되는 미디어교육　41

3장　미디어로 민주적인 소통 문화를 만들어가다

더불어 살아가는 법을 배우는 학교미디어교육　63

고영준(이칸도) 미디어교육 강사

    미디어센터가 설립되고 미디어교육이 본격적으로 시작하면서 교육의 주요한 가치와 목표였던 '미디어의 일상화와 대중화, 누구나 미디어를 배울 수 있고 활용할 수 있는' 시대가 되었다. 미디어교육도 이제는 미디어센터 외에 다양한 기관과 단체, 영역에서 진행하고 있으며, 미디어가 우리 사회 전 영역과 연계되고 소통하듯이, 미디어교육도 지금은 어느 한 영역이나 가치만 가지고 진행할 수 없고 훨씬 더 넓은 스펙트럼의 의미를 갖는다. 미디어교육이 만들어 가고자 했던 '일상 속의 미디어' 시대. 미디어와 미디어교육이 일상화되고 있는 만큼, 미디어교육이 초기에 상상했던 의미와 목표는 얼마만큼 이루어지고 있을까. 이 책은 미디어리터러시, 미디어 기본권, 미디어 양극화, 미디어 인문학 등의 측면에서 미디어교육의 지금을 짚어보고 접근한다. 책『지역·미디어·교육』은 다양한 매체와 참여 대상, 교육 설정 배경과 목표, 내용과 활용 방안 등 다양한 사례를 중심으로 교육 준비에서부터 운영, 활동 현장의 이야기를 모은 책이면서 미디어교육에 관심 있는 분들을 모으고 연결해 주는 책이다.

미디어교육의 역사서, 입문서, 활용서, 자습서이면서도 계획서이며, 교육 개론의 내용을 담으면서도 딱딱하지 않은 교양서처럼, 블로그의 일상 글처럼 쉽게 마주할 수 있다. 분량이 많은 이론집이나 어려운 말로 적힌 연구논문집이 아니라 편안하게 읽다 보면 교육 방법론과 활용 방안까지, 독자가 읽으면서 함께 고민하고 상상하게 한다. 책의 기획자와 저자는 사전 준비 작업부터 집필까지 수많은 내용을 채우고 더하는 작업보다 덜어내는 작업이 많았으리라 생각한다. 제한된 분량 안에 미디어교육의 지금에 대해 더 많이 공유하고 나누고자 했던 마음이 글에서 고스란히 느껴진다. 『지역·미디어·교육』은 미디어교육에 관심 있는 모든 분에게 '열친 책'이다. 문은 활짝 열려있으니, 이제 들어오시면 된다.

김아미 미디어 리터러시 연구자

미디어교육은 어렵다. 그러나 재미있다. 빠르게 변화하는 미디어 기술과 미디어 환경에서 새로이 등장하는 이슈들은 미디어교육을 담당하는 교육자와 기획자들에게 끝이 안 보이는 숙제를 마주하는 것 같은 부담감을 준다. 하지만 그만큼 미디어교육은 보람 있고 재미있다. 변화하는 환경과 기술을 따라잡지 못해 소외될 위험이 있는 사람들에게는 도움을 주고, 새로운 환경을 먼저 헤쳐 나가는 사람들로부터는 먼저 겪은 이의 고민을 감지하고 성찰의 힘을 키울 수 있도록 지원한다. 지금 현재 내가 만나는 학습

자의 필요와 요구, 특성에 민감하게 촉을 세우고, 그들에게 적합한 교육 주제와 내용, 교육 방법, 성찰의 경험을 만들기 위해 노력하는 것은 미디어교육자와 기획자가 갖추어야 할 필수 역량이자 덕목이다. 이런 교육자가 고민 끝에 만들어낸 교육의 장은 그 결과가 반드시 성공적이지 않은 것처럼 보여도, 교육 참여자가 미디어를 보는 눈에 혹은 미디어를 만나는 방식에 어떤 방식으로든 영향을 미칠 것이다.

『지역·미디어·교육』은 현장 곳곳에서 진행되고 있는 미디어교육자와 기획자의 고민과 고군분투, 감동적인 결과와 울림을 생생하게 전하고 있다. 정책적 기조를 쫓는 교육의 허망함을 느끼는 교육자라면, 그리고 매년 강의명만 조금씩 바꾸는 천편일률적인 교육, 강의 이수율과 이수자 수라는 행정적 결과만을 도출하기 위해 관성적으로 진행하는 교육에 지친 사람들이라면 이 책을 꼭 보시라 추천하고 싶다. 미디어 환경 속 시민으로 살아가고 성장하는 교육 참여자에게 삶을 조금이나마 풍요롭고 건강하게 하고자 교육을 만들어가는 현장의 교육자와 기획자의 치열한 성찰과 고민, 분투는 읽는 내내 나에게 힘을 주고 따뜻한 연대를 느끼게 한다.

금준경 미디어오늘 기자

'현장'의 이야기가 필요하다. 미디어 리터러시 교육의 중요성이 커지면서 많은 교재와 교안이 나왔다. 필요한 교육의 기준과 방법을 체계적으로 제시하고 있다는 점에서 의미가 크지만, 초보 교육자들이, 혹은 새로운 교육 대상에 다가서려는 교육자들이 교재와 교안만 보고선 교육을 하기에는 한계가 있다. 현실에서는 교육 대상의 특성, 지역 및 기관별 여건 등을 두루 고려해야 하기 때문이다.

그래서 현장을 들여다보면 '차이'가 발생한다. "이런 교육이 필요하다"는 당위가 현실에선 먹히지 않을 수 있다. 그래서 여러 고민 끝에 여러 방식으로 변주된다. "우리만의 방식"으로 거듭나기도 한다.

현장 중심의 사례집을 통해 지역별로, 교육 대상별로 '케이스 스터디'를 할 수 있다는 점에서 이 책은 의미 있다. 발품을 판 만큼 내용이 풍성하다. 단편적인 교육의 결과뿐 아니라 현재의 교육을 하게 된 과정과 고민도 섬세하게 들여다볼 수 있다. 무엇보다 각 사례를 생동감 있게 담아 읽는 맛도 있다. 사람의 이야기를 들여다보고, 고민에 공감하다 보면 금세 책을 끝내게 된다.

미디어센터의 미디어교육이
시작된 지 20년이 넘었습니다.

2002년 국내에 미디어센터가 처음 설립된 이후, 미디어센터를 중심으로 한 미디어교육은 다양한 연령과 계층, 공동체를 대상으로 진행되었고, 여러 지역에 미디어센터가 생겨나면서 각각의 지역 미디어센터 특성에 따라 다채로운 모습으로 변화, 확장되어 왔습니다.

지역미디어센터의 미디어교육은 다양한 색깔과 넓은 스펙트럼으로 남녀노소 누구나 쉽고 즐겁게 미디어를 경험할 수 있도록 미디어에 대한 문턱을 낮추는 역할을 해왔습니다. 연령대별 학습 수준에 맞추어 제공되는 맞춤형 기초미디어교육부터 지역의 문화와 특성을 반영한 공동체미디어교육, 빠르게 발전하는 미디어기술을 지역에서 더 쉽게 배울 수 있는 교육까지 미디어센터는 지난 20여 년 동안 다양한 시민들의 욕구를 미디어교육으로 녹여내기 위해 연구와 고민을 거듭하며 노력해 왔습니다. 그러나 아쉽게도 현장에서의 요구에 충실히 응하느라 그동안 전국 곳곳의 미디어센터가 함께 일구어 놓은 미디어교육 분야의 크고 작은 성과들을 보다 많은 분께 알릴 기회가 많지 않았습니다.

이에 전국미디어센터협의회는 미디어센터에서 진행되어 온 미디어교육의 성과를 짚어보는 동시에 빠르게 변해가는 미디어 환경 속에서 어떤 고민과 시도, 변화가 있었는지 살펴보기로 하고, 현장의 생생한 이야기를 담을 수 있는 인터뷰집을 기획했습니다.

기획 단계에서 인터뷰집에 담을 열 개의 교육 사례를 뽑기 위해 전국미디어센터협의회 회원 센터 39곳(2022년 7월 기준)의 미디어교육 현황을 취합하였습니다. 그 결과, 2015년 1월부터 2021년 7월까지 23개 미디어센터에서 총 4,380개의 미디어교육이 진행되었음을 확인할 수 있었습니다. 이는 자료가 취합된 센터의 사례만 집계한 것으로 미처 자료를 제출하지 못한 곳도 있음을 고려하면 실제 진행된 미디어교육 수는 훨씬 더 많을 것입니다.

미디어센터 미디어교육은 20년이라는 긴 역사를 가진 만큼이나 미디어센터가 위치한 지역의 조건과 특성도 다양하기에 전국에서 진행되어 온 미디어교육의 흐름을 하나로 묶거나, 몇 가지로 분류하는 것은 쉬운 일이 아니었습니다.

전국미디어센터협의회와 필진은 여러 차례 논의를 거쳐 미디어센터 미디어교육에서 가장 기본이 되는 생애주기별 미디어교육의 사례와 미디어센터 설립 초기부터 주요하게 다루어진 공동체 미디어교육의 사례, 마지막으로 최근의 미디어환경 변화와 미디어센터만의 고민을 보여줄 수 있는 사례를 뽑아서 자세히 들여다보기로 했습니다. 사례를 선정할 때는 전국적으로 분포해 있는 미디어센터의 다양한 면면을 볼 수 있도록 지역적인 안배를 고려했으며, 미디어센터 미디어교육에서 다루는 다양한 매체와 교육의 주제도 드러날 수 있도록 했습니다. 또한 교육 이후 후속 활동과 같이 미디어센터가 지향하는 시민들의 자발적인 공동체 미디어 활동을 보여줄 수 있는 사례도 포함했습니다.

그렇게 선정한 열 개의 사례는 다음과 같습니다.

생애주기별 미디어교육

1) 유아미디어교육 : 순천시영상미디어센터
   <최초의 미디어 경험이 만드는 즐거운 상상 - 놀며 배우며 알차게 즐거운 유아미디어교육>
2) 어린이미디어교육 : 수원시미디어센터
   <어린이들의 슬기로운 유튜브 생활 - 디지털 시민성을 키우는 디딤돌이 되는 미디어교육>
3) 청소년미디어교육 : 강릉시영상미디어센터
   <미디어로 민주적인 소통 문화를 만들어가다 - 더불어 살아가는 법을 배우는 학교미디어교육>
4) 노인미디어교육 : 익산공공영상미디어센터
   <영상으로 담는 인생, 한 세대의 감수성을 그리다 - 배움이

곧 활력이 되는 어른 영상 제작 동아리>

공동체 미디어교육

5) 공동체라디오교육 : 서천군미디어문화센터

　<꾸준함의 저력, 최장수 지역 라디오 방송을 꿈꾸다 - 시민이 만드는 방송 서천FM의 시작, 공동체 라디오교육>

6) 청각장애인미디어교육 : 대구시민미디어센터

　<보이는 세상이 더 많아지기를 꿈꾸며 - 경계를 넓히는 장애인 미디어교육>

7) 배리어프리영화제작교육 : 대구영상미디어센터

　<모두의 영화를 만드는 시간 - 차별의 장벽을 허무는 미디어교육>

새로운 변화를 담는 미디어교육

8) 온라인 여성영화읽기교육 : 영상미디어센터 미디액트

　<여성을 말하는 영화, 영화를 읽는 여성 - 모든 이를 위한 대중 강좌를 꿈꾸다>

9) 소상공인 라이브커머스 교육 : 주안영상미디어센터

　<낯선 것을 익숙하게, 시민들에게 한층 더 가까이 다가가기- 변화의 물결 속에서 길을 찾아나가는 미디어교육>

10) 지역 아카이빙 독립출판 교육 : 원주영상미디어센터

　<개인과 지역의 고유한 이야기를 길어 올리고 연결하기 - 미디어센터의 새로운 역할을 고민하는 미디어교육>

생애주기별 미디어교육에서는 유아, 어린이, 청소년, 노인을 대상으로 한 미디어교육 사례를 살펴봅니다. 각각의 교육은 사진, 유튜브, 영상 등 다양한 매체를 다루고 있으며, 교육에서 초점을 맞추는 부분도 미디어읽기, 미디어제작, 민주시민교육 등 다양합니다.

<최초의 미디어 경험이 만드는 즐거운 상상>은 점점 더 이른 시기에 미디어를 접하게 되는 학령기 이전의 아이들에게 미디어교육이 어떤 역할을 해야 하는지 생각해 볼 수 있으며, <어린이들의 슬기로운 유튜브 생활>은 어린이를 위한 미디어교육 연구 및 시범 교육 운영을 통해 디지털 시민성 함양을 목표로 진행한 연구 개발 과정과 디지털미디어, 특히 영상플랫폼을 주제로 진행한 미디어교육 현장의 노하우를 생생하게 살펴볼 수 있습니다.

<미디어로 민주적인 소통 문화를 만들어가다>의 학교 미디어교육 사례는 민주시민교육과 미디어교육이 어떻게 만날 수 있는지에 대해 이야기합니다. 더불어 어린이·청소년이 '사회 참여'의 한 형태로 지역, 환경, 문화 등에 대한 생각을 미디어로 표현하고 공유했던 좋은 사례도 함께 들여다볼 수 있습니다.

<영상으로 담는 인생, 한 세대의 감수성을 그리다>에서는 노인미디어교육이 지역사회에서 어떤 의미를 갖는지 짚어보며 어르신들의 주체적이고 지속적인 미디어활동에 지역미디어센터의 역할이 얼마나 중요한지 확인할 수 있습니다.

공동체 미디어교육 부문에서는 공동체 라디오 방송 제작팀의 활동 사례와 농인미디어교육, 배리어프리영화제작교육의 사례를 살펴봅니다.

<꾸준함의 저력, 최장수 지역 라디오 방송을 꿈꾸다>는 해당 지역의 미디어센터와 역사를 함께한 시민라디오제작자들의 인터뷰를 담고 있습니다. 꾸준히 공동체라디오방송을 만들고 있는 제작자 세 명이 오랜 세월 함께 방송을 만들게 된 계기와 동력 그리고 삶의 변화지점 등을 통해 미디어센터의 역할이 얼마나 중요한지, 지역에서 미디어센터의 존재가 얼마나 소중한지에 대해 이야기합니다.

　<보이는 세상이 더 많아지기를 꿈꾸며>와 <모두의 영화를 만드는 시간>은 교육 사례를 통해 장애인미디어교육의 의미와 필요성, 미디어의 접근성에 대해 고민해 볼 수 있습니다. 또한 하나의 교육이 교육에서 끝나지 않고 더 많은 파급효과를 가져오기 위해 얼마나 촘촘하고 체계적인 연대와 협력이 필요한지도 확인할 수 있습니다.

　새로운 변화를 담는 미디어교육에서는 온라인 영화읽기 교육과 소상공인 라이브 커머스 교육, 지역 아카이빙 교육 세 가지 사례를 들여다봅니다.

　<여성을 말하는 영화, 영화를 읽는 여성>은 코로나19 이후 빠르게 확산된 온라인 교육의 구체적인 경험을 들여다보고, 대면·비대면 교육의 장단점과 미디어교육의 다양한 확장 가능성을 살펴봅니다. 더불어 시대적 요구에 발맞춰 문화다양성에 대한 고려와 소수자에게 초점을 두는 가치지향적 미디어 교육의 필요성에 대해서도 이야기합니다.

　<낯선 것을 익숙하게, 시민들에게 한층 더 가까이 다가가기>는 지역 사회의 요구에 대응하는 미디어센터의 사례를 통해 지역

미디어센터의 역할과 기능에 대해 다시 한번 고민해 볼 수 있으며, <개인과 지역의 고유한 이야기를 길어 올리고 연결하기>는 지역 아카이빙을 주제로 한 독립출판 교육 사례를 통해 미디어센터 미디어교육의 확장 가능성과 함께 미디어센터의 나아갈 방향에 대해 고민해 보는 기회를 가질 수 있습니다.

위에서 열거한 열 개의 미디어교육은 단순히 하나의 범주에만 속하지는 않습니다. 각각의 교육은 교육의 목표와 주제, 참여 대상, 협력 단위, 실행 주체에 따라 다양한 층위의 특성이 있습니다. 또한 미디어센터 미디어교육의 10년을 이 열 개의 사례가 모두 대표한다고 감히 이야기할 수도 없습니다.

그럼에도 이 열 가지 사례를 통해 이제까지 전국의 미디어센터에서 꾸준히 이루어져 오고 있는 미디어교육의 일면과 현재 미디어센터가 당면하고 있는 현실 속 고민들을 조금이나마 들여다보며 향후 미디어센터 미디어교육이 새로운 길을 모색하는데 작은 단서라도 발견할 수 있길 바랍니다.

*인터뷰는 2023년 1월에 진행되었으며, 이후 각 교육별 담당자, 향후 활동계획 등의 변화가 있을 수 있습니다.

최초의 미디어
경험이 만드는
즐거운 상상

놀며 배우며
알차게 즐거운
유아미디어교육

순천시영상미디어센터 유아미디어교육

제1장

최초의 미디어 경험이 만드는 즐거운 상상

놀며 배우며 알차게 즐거운 유아미디어교육

인터뷰 임유진 (순천시영상미디어센터 미디어교육팀)
김혜미 (오프스크립트 대표, 순천지역 미디어교사)

지역미디어센터에서 유아미디어교육이 시작된 것은 제법 오래전 일이다. 2009년~2010년쯤이었던 것 같다. 당시 수도권을 중심으로 유아와 어린이 미디어교육이 확산되고 있었다. 미디어센터가 여러 지역에 새로이 생겨나고 있었고, 미디어교육 영역에서는 생애주기에 따른 연령대별 교육 사업을 다양하게 시도했던 시기였다. 그 당시 경험했던 유아미디어교육 현장을 떠올리며 더욱 궁금하고 설레는 마음으로 순천시영상미디어센터(이하 순천센터)로 발걸음을 옮겼다.

코로나19 시기,
유아미디어교육의 필요를 절감하다

2020년, 순천센터에서 유아미디어교육을 기획했던 때는 코로나19 감염 확산에 대한 두려움이 있었던 때였다. 공공기관들이 대면 사업을 제한적으로 진행하거나 폐쇄했고, 재택근무와 비대면 화상회의가 대안으로 제시됐다. 어린이집, 유치원, 학교도 마찬가지여서 가정에서 돌봄의 부담이 커지던 때, 유아들이 어쩔 수 없는 상황에서 미디어에 잦은 빈도로 노출되고 있는 현실에 대한 문제의식이 제기되었다.

인터뷰 사진 (좌)임유진 씨, (우)김혜미 씨

"코로나가 막 시작되었던 시기에 비대면 화상회의가 굉장히 중요하게 떠올랐고 우리 센터도 교육 전반에 새로운 변화가 필요했어요. 팬데믹 상황에서 미디어를 사용하는 연령이 하향화되었고, 특히 유아기의 아이들은 무분별하게 미디어에 노출되고 있는 것 같아서 아이들 눈높이에 맞는 그런 미디어교육을 해줘야겠다고 생각했어요." (임유진)

순천센터에서 유아미디어교육이 시작된 것은 2020년 호남권 미디어센터들이 연합하여 유아교육 관련 미디어교사 연수를 진행하면서부터다. 그때 순천센터에서 활동하는 몇몇 미디어교사들이 연수에 참여하였고, 해당 미디어교사들을 중심으로 2021년까지 유아미디어교육을 시범 운영했다. 2년간 진행된 교육은 미디어의 개념과 영향력을 이해하고, 미디어를 해롭지 않은 방식으로 잘 이용하는 방법을 알려주는 '미디어 이해와 읽기' 중심의 수업이었다. 시범 운영 기간 동안 현장에서 아이들을 만나면서 센터 기획자와 교사들은 교육 방법과 내용, 활용 교구 등에 대한 고민을 해왔고 연구라 해도 좋을 만큼 서로 긴밀히 소통하며 교육을 체계적으로 운영하기 위해 애썼다.

아이들에게 문해력, 상상력이 부족해지는 것 같아요.

2022년 순천센터가 유아미디어교육을 확대 지원하기로 한데에는 해당 업무 담당자인 임유진 기획자의 역할이 컸다. 임유진 씨는 코로나19로 인해 최근 몇 년간 아이들이 주로 접하는 미디어 환경이 인터넷 기반의 영상 중심 환경으로 변화하면서, 교육 현장을 통해 만난 유아와 초등학생 아이들에게 창의력과 문해력이 부족하다는 것을 느꼈다고 한다.

아이들의 일상에서 유튜브로 대표되는 영상 플랫폼에 대한 의존도가 높은 것은 태어나면서부터 디지털 기기에 둘러싸여 성장한 세대를 일컫는 디지털 네이티브(Digital Native)에게서 나타나는 공통적인 현상이다. 정보의 접촉은 물론 놀이, 언어 및 문화의 학습 등 아이들의 일상적인 의사소통 과정에서 영상미디어는 산소처럼 당연히 존재하는 것이 되었다. 미디어교육 현장에서 아이들을 직접 만나고 있는 분들이 공통으로 문제의식을 가지고 있는 지점은 여러 미디어에 대한 영향력이 높아진 환경에 비해 미디어를 균형 잡힌 시각에서 잘 보고 활용하는 방법을 학습할 기회는 상대적으로 적다는 것이었다. 학교의 공교육 시스템 안에서는 이미 다양한 방식으로 미디어교육을 진행하고 있으니, 현재 제도적으로 비어있는 학령기 이전 시기의 아이들에게 미디어교육을 어떻게 제공해야 할지에 대해 미디어센터가 주축이 되어 고민해야 한다는 의미이기도 하다.

미디어교사 김혜미 씨도 유아나 어린이들이 사회적으로 다양한 사람들과 공감할 수 있는 언어를 배우기 이전부터 유튜브에서 사용하는 자극적이고 축약된 언어를 먼저 배우게 된다고 말한다. 가정에서 양육자가 아이들에게 미디어를 얼마나 노출하는가 하는 부분은 단순히 교육관의 문제가 아니라는 말도 덧붙였다.

"생활 형편이 좋고 누군가 아이들을 함께 돌봐 줄 수 있는 여유 있는 가정 환경일 때만 아이들이 유튜브에서 멀어질 수 있는 게 현실이죠. 그래서 저는 미디어교육이 예전보다 더욱 중요하다고 생각해요." (김혜미)

교육 현장에서 초등학생들과 만나는 일이 잦은 김혜미 씨는 4~5년 전과 비교할 때 동일한 학년의 아이들에게서 사고력, 상상력, 논리력이 부족하다는 것을 느낀다. 아이들이 잘 모르는 사안에 대해 궁금증이 생긴 경우, 특히 친구들과 의견이 다를 경우에 궁금한 것에 대해 충분히 스스로 생각하거나 시간을 들여 주변

친구들과 이야기를 나누기보다 인터넷 검색을 통해 즉각적으로 답을 찾는 방법을 선택한다고 말이다. 물론 코로나19의 영향으로 디지털 미디어와 영상을 좀 더 일찍 접할 수밖에 없었던 이유도 있지만 미디어가 아이들의 학습 환경과 의사소통 과정을 빠르게 변화시키고 있다는 것에 대해 보다 많은 사람이 경각심을 가져야 한다고 말한다.

학부모와 돌봄 또는 유아교육 종사자, 그리고 지역사회에서 아이들을 함께 양육하는 더 많은 사람이 유아미디어교육의 필요성에 공감하고 순천지역에 있는 아이들이 학령기 이전에 미디어교육을 경험할 수 있는 교육 환경을 마련해야 한다는 것이 임유진, 김혜미 두 사람의 공통된 생각이었다.

우리의 노력으로 순천 지역에서 유아미디어교육에 대한 인식이 생기고 있어요.

2022년에 순천센터는 유아교육 기관에 공문을 보내 대대적으로 참여기관 모집을 진행했다. 지원할 수 있는 기관의 수는 많지 않았지만, 유아미디어교육이 무엇인지, 왜 중요하고 필요한지에 대해 지역사회에 알리고자 하는 마음이 컸다.

순천지역에서는 아직 유아미디어교육에 대한 이해가 높지 않았기 때문에 직접 발로 뛰며 홍보 겸 설득을 해야 했고, 이 과정에서 어린이집이나 유치원에 교구를 판매하는 영업사원으로 오해받기도 했단다. 한 해의 교육이 마무리된 지금은 미디어교육이 무엇인지도 잘 모르던 순천지역의 유아교육 기관들이 순천센터의 노력에 호응하며 유아미디어교육에 대해 적극적인 태도로 바뀌었다고 한다.

"2022년에는 유아미디어교육에 참여할 유치원과 어린이집을 공고로 모집했어요. 그 결과 13개 기관에서 신청이 들어왔고, 이 중 세 곳을 선정해서 교육을 진행했습니다." (임유진)

2022년 유아미디어교육은 아이들이 좀 더 즐겁게 미디어를 배울 수 있도록 동화책을 재해석하거나 미디어 제작 실습을 넣는 등 참여자 그룹별 특성에 맞추어 담당 미디어교사의 재량껏 다양한 교육 내용을 구성하고, 더 효과적인 교육 방법을 적용하기 위해 노력했다. 이전의 시범사업 때와 달리 교육 내용과 방법에서 이렇게 변주를 시도할 수 있었던 것은 유아미디어교육을 진행한 미디어교사들과 순천센터의 신뢰 관계가 공고했기 때문이다.

"22년에는 저희가 잘할 수 있고, 아이들도 즐겁게 할 수 있는 교육으로 선회가 되었어요. 저는 순천센터의 전폭적인 지지를 받으면서 교육을 진행할 수 있었다고 생각해요. 하고 싶은 대로 다 해보라고 하거든요. 순천센터에서 저희 교사들을 엄청나게 믿어주니까요." (김혜미)

　순천센터의 신뢰를 바탕으로 2022년 3개의 교육 현장에서 각각 다른 수업이 이루어졌다. 2022년 진행된 유아미디어교육 계획안을 비교해보니 서로 유사하게 진행된 부분과 다르게 진행된 부분이 있었다. '놀이나 퀴즈를 통한 미디어의 이해', '유튜브 시청 경험과 습관에 대해 생각하기', '미디어를 활용하여 친구들과 생각 나누기'는 미디어 개념을 경험적으로 이해하고 아이들이 쉽게 영향을 받을 수 있는 유튜브 영상에 대한 올바른 이용 습관을 길러주기 위한 내용으로 모든 교실에서 유사하게 진행된 교육 내용이었다. 그리고 '마음을 표현하는 사진 일기', '감정을 표현하는 이모티콘 만들기', '효과음 만들어서 표현하기' 등은 미디어를 활용한 자기표현 부분으로 교실별로 다르게 진행된 교육 내용이었다. 해당 교실 수업을 진행하는 미디어교사의 의지에 따라 시범 교육 때와는 다른 방법을 적용한 셈이다.

　순천의 유아미디어교육은 일회성 체험활동이 아니라 총 6회기에 이르는 연속된 프로그램으로 운영되었다. 다만 유아들의 특성을 고려하여 20분 단위로 짧게 끊어서 자주 쉬고, 놀이처럼 활동 위주로 진행한다. 교육 내용과 방법에 대한 설명을 들을수록 실제 교육 현장의 이야기가 궁금해졌다.

'재미로 보는 미디어'에서 '나를 표현하는 미디어'가 될 수 있도록

순천센터 유아미디어교육의 주안점은 아이들이 적극적인 참여를 통해 미디어로 표현하고 소통하며, 미디어에 대한 긍정적인 경험을 갖게 하는 것에 있다. 아이들이 미디어를 딱딱하게 학습하는 것이 아니라 자연스럽게 놀이를 하듯 미디어에 대해 알아가도록 말이다. 그 과정에서 영상미디어에 나타나는 모습과 현실을 잘 구분할 수 있도록 돕는 것, 영상을 잘 보는 방법을 익히는 것도 중요하게 다루고자 했다.

미디어교육은 미디어 자체를 이해하고, 미디어에 접근하며, 미디어를 읽고, 쓰고, 소통하는 모든 영역을 포괄하는 것이라 할 수 있다. 보통 성인이나 청소년을 대상으로 하는 미디어교육의 경우, 설정한 목표에 따라 미디어의 이해/접근/읽기/쓰기/나누기 중 어느 영역에 집중할 것인지를 선택하여 교육 내용을 설계하는데, 유아미디어교육에서 미디어를 이해하고 비판적으로 읽는 수업을 진행하는 것은 아이들의 이해력을 고려할 때 교육 내용으로 다루기가 어렵다고 여겨왔다.

그러나 순천센터에서는 그러한 어려움을 유아의 눈높이에 맞는 교육과정을 통해 잘 소화해냈다. 다양한 활동을 통해 아이들이 자연스럽게 체득하고 스스로 생각해 볼 수 있는 기회를 만들어 주려고 노력했다.

"연령대가 낮을수록 미디어 읽기는 정적인 수업이 아니라 동적인 수업이 돼야 한다고 생각했어요. 말로 이해시킬 수 있는 대상군이 아니기 때문에 스스로 체득할 수 있게끔 자연스럽게 실습을 통해서 녹여내는 방법을 수업에 적절하게 배치하는 것이 가장 중요한 것 같아요. 그리고 영상교육에서는 '주체성'이 중요해요. 주체성이 확보되면 많은 것들을 해결할 수 있죠." (김혜미)

김혜미 씨가 유아미디어교육에서 가장 중요하다고 말하는 '주체성'은 두 가지를 의미한다. '영상미디어를 보는 방법에서의 주체성'은 아이들이 언제 영상 보기를 멈추어야 하는지 아는 것, 알고리즘에 대해 이해하고 새로운 영상이 나올 때 양육자에게 스스로 알리는 것을 말한다. 또한 '영상미디어의 제작자가 되어보는 주체성'도 중요하다. 이것은 영상 표현 경험을 통해 영상이 어떻게 만들어지는지 아는 것, 모든 영상이 누군가에 의해 만들어진 것이라는 것을 이해하는 것, 영상 속 세계와 현실을 잘 구분하는 것 등을 경험적으로 이해하는 것을 말한다.

유아미디어교육은 5.1채널처럼 수업이 진행되어야 해요

유아미디어교육은 참여자 특성상 교육을 준비하는 데 많은 시간과 노력이 필요하다. 집중력이 짧은 아이들이 호기심을 가질 법한 교구를 준비해야 하고, 아이들이 쉽게 공감할 수 있는 상황이나 이해하기 쉬운 분명한 과제를 준비해서 제시해야 한다. 수업할 때는 준비한 내용을 전달하는 것과 동시에 여기저기서 쏟아지는 아이들의 반응과 말을 보고 들을 수 있도록 눈과 귀가 사방으로 열려 있어야 한다.

"수업 시간이 20분으로 배정돼 있지만 사실 그 20분을 집중시키는 게 한두 명하고 하는 게 아니잖아요. 5.1 채널처럼 돌아가지 않으면 수업이 원활하게 진행되기가 어려워요. 아이들별로 관심도 많이 줘야 하고. 그렇지 않으면 자꾸 다른 방향으로 아이들 생각이 튀어요. (중략) 처음에는 오늘 무엇을 할 것인지에

대해서 약간 이론적인 설명이 있으니까, 그것을 이제 좀 재미있게 그림을 통해서 알려줍니다." (김혜미)

유아들은 초등학생과 다르게 몰입력이 좋아서 어떤 상황을 가정하고 활동을 제안하면 거기에 푹 빠져든다. 한 번은 동화 속에 소리가 사라져서 소리를 직접 만들어줘야 한다는 상황을 주자, 아이들은 열정을 불태우며 소리 만드는 활동에 몰입하기도 했다.

"아이들의 몰입을 유도하기 위해서 이렇게 해본 적이 있어요. 동화 속에 소리가 모두 사라져서 우리가 소리를 만들어줘야 해, 하면 정의감에 타올라요." (김혜미)

영상을 시청하는 방법을 자기 전 양치하듯 생활 규범처럼 배울 필요가 있어요

순천센터에서 진행한 미디어 읽기 과정은 아이들이 자신의 경험 속에서 스스로 미디어 이용에 대해 생각해 볼 수 있는 내용으로 구성되었다. 미디어가 무엇인지부터 시작해서 각자 경험한 미디어를 말해보고, 서로의 이야기에 공감할 수 있도록 활동을 접목하는 방식이었다. 수업이 진행되는 동안 아이들의 반응은 어땠는지 이야기를 들어보았다.

"유튜브를 많이 봤을 때 힘들었던 점을 주제로 이야기해 보는 시간이었어요. 그냥 주제를 던지면 아이들이 말 안 해요. 자기가 그런 사람이 아닌 척하는 거죠. 그래서 방법을 바꿔서 이렇게 진행합니다. 그런 친구가 있잖아~ 하면서요. 그러면 다른 사람 이야기인 척하면서 자기 이야기를 하더라구요. (중략) 이야기가 나오면 그것을 항목별로 분류한 뒤에 공감 스티커 붙이는 작업을 했어요. 스티커를 나누어주니까 아이들이 스티커를 많이 받아서 붙이고 싶어서 그때서야 본심이 터져 나오더라구요. 저도 그랬어요 하면서요." (김혜미)

김혜미 씨는 아이들을 대상으로 미디어 읽기 수업을 진행할 때, 미디어의 부정적 영향과 긍정적 효과의 균형을 맞추는 것이 고민스러웠다고 했다. 특히 연령대가 낮을수록 아이들이 경험할 미디어의 부정적 영향을 방지하기 위해 규칙을 정하거나 미디어를 올바르게 이용하는 법을 위주로 수업에서 다루게 되는데, 이런 방식의 수업은 아이들에게 자칫 미디어는 거리를 두어야 하는 것, 미디어는 부정적인 것이라는 편향된 인식을 심어줄 수 있기 때문이다.

그러나 현장에서 유아들을 만날수록 아이들이 미디어에 대해 주체적으로 선택하거나 제어할 수 있는 미디어 환경이 아니라는 판단이 들었다고 했다. 가정마다 아이 돌봄이 이루어지는 환경과 방식이 다르고, 아이들 본인의 의지와 상관없이 미디어를 과이용할 가능성이 높다고 말이다. 무엇보다 현실적으로 유아들이 미디어교육을 받을 기회는 너무 제한적이라서 미디어센터가 시급히 필요한 교육을 제공하는 것이 우선되어야 한다는 말도 덧붙였다.

"아이들은 알고리즘에 대해 모르니 조심할 필요성에 대해서 강조해요. 그러니까 아이들에게 일단 내가 보던 영상이 끝나고 뭔가 새로운 것이 뜨면 부모님에게 보여주자고 말해요. 그 영상이 내가 봐도 되는 건지 확인받자. 그리고 각자 정한 시청 시간이 지나면 일단 보는 것을 멈추는 것도 스스로와 약속하자. 우리가 자기 전에 양치를 꼭 해야 하는 것과 같은 거야. 이런 식으로 생활 규범에 대해 접근하듯 이야기하는 것이 필요한 것 같아요." (김혜미)

변화하는 미디어 환경에서 아이들에게 미디어의 좋지 않은 영향으로부터 스스로를 보호할 방법을 알려주는 관점의 교육보다 그 환경에 적응할 수 있는 대응력을 길러주는 관점의 교육이 좋은 미디어교육이라고 생각했다. 미디어는 언제나 새롭게 변화해 왔고 점점 더 빠르고 점점 더 복잡하게 변해가고 있기 때문이다. 그래서 미디어 변화에 변화에 몸을 사리면서 보수적으로 대처하기보다 교육을 통해 오히려 변화를 경험하면서 큰 흐름을 잘 읽어낼 수 있는 눈을 기르는 것이 더 현명한 방식의 교육이라 여겼다. 물고기를 잡아 주기보다 낚시하는 방법을 알려주라는 말처럼, 아이들에게 '미디어는 거리를 두거나 조심해야 할 것'이라는 인식보다 '미디어는 기준을 가지고 잘 활용해야 할 것'이라는 인식을 심어줄 수 있는 교육이 더 필요하다고 생각한 것이다.

그런데 유아들에게는 규범적 차원의 교육이 시급하다는 이야기를 들으니, 영상미디어가 점점 더 낮은 연령대의 아이들에게도 엄청난 영향을 미치고 있음을 실감할 수 있었다. 유아들은 미디어 환경에 대한 논리적인 이해의 수준도 낮아 대응력이 부족할수밖에 없다는 점에서 응급처방과 같은 보호적 관점의 교육이 무엇보다 중요할 수 있다는 것에 공감했다.

수업이 진행될 때마다 아이들의 미디어 인식이 눈에 띄게 변화해요

유아교육 현장에서 기획자와 교사가 가장 놀라는 부분은 아이들이 미디어수업을 경험할수록 단기간에 긍정적인 변화의 모습을 보여준다는 것이다. 임유진 씨는 '미디어'라는 말 자체가 가지고 있는 포괄성과 확장성 때문에 어른들도 개념적으로 이해하기가 쉽지 않은데, 총 12시간 정도의 짧은 미디어수업을 진행한 뒤 미디어에 대해 명확히 이해하는 유아들의 모습을 보면 신기하게 느껴진다고 한다.

"일곱 살인데 미디어의 의미와 개념을 이해하고 있는 게 너무 신기하죠. 신문이나 책, 라디오가 미디어라는 것도 알고, 확실히 미디어교육 진행 경험이 있는 아이들과 없는 아이들의 미디어에 대한 이해도가 정말 너무 달라요." (임유진)

유아미디어교육에 참여한 아이들에게 또 한 가지 확인되는 점은 일상에서는 잘 보여주지 않는 적극적인 모습이 수업 중에 드러난다는 점이다. 아이들에게 가장 긍정적인 효과는 실수해도 된다는 것을 미디어 활동으로 체득하면서 활동에 참여할 수 있는 용기를 스스로 얻게 되는 것이다.

"반복해서 실수를 보완하는 방식으로 미디어를 직접 만들어 보는 경험이 아이들에게는 상당히 긍정적으로 다가갈 때가 많아요. 여러 번 기회가 주어진다면 내가 실수해도 번복할 수 있잖아요. 실수할까봐 초조하고 주저하는 아이들이 생각보다 굉장히 많아요. 영상 촬영, 녹음, 사진 찍기…. 잘못하면 다시 하면 된다는 것을 항상 아이들에게 이야기하죠. 그러니 나중에는 두려워서 뒤에 물러섰던 아이들도 조금씩 스스로 나서기 시작하더라구요." (김혜미)

원활한 유아미디어교육 현장 운영에
꼭 필요한 3가지

미디어교육의 질은 미디어교사의 역량이 절반, 교육을 기획하고 운영하는 미디어센터의 역량이 절반으로 각자의 자리에서 역할을 다할 때 좋은 교육을 만들어 낼 수 있다. 임유진 씨는 지난 3년간 순천센터 유아미디어교육을 이끌어가면서 원활하게 교육을 운영하기 위해 중요하게 생각하는 것이 세 가지 있다고 했다.

첫 번째는 교육 현장 사전 점검이다. 모든 미디어교육 현장이 그렇듯이 장소와 장비가 중요하기 때문일 것이다. 특히 유아들의 경우 아이들이 있는 공간으로 찾아가서 교육이 진행되는 경우가 많은데, 수업에 필수적인 장비를 활용할 수 있는지, 활동에 맞는 규모의 공간인지를 직접 방문해서 확인한다. 구두로 기관 담당자와 협의가 이루어져도 교육 진행에 변수가 생길 수 있으므로 하나하나 기관의 상황을 파악해 둘 필요가 있다.

"유아미디어교육을 준비하면서 기관마다 직접 방문해요. 사전 답사를 하면서 기관의 규모나 아이들이 나가서 활동할 수 있는 환경이 갖춰져 있는지, 놀이나 야외 활동에 필요한 것을 저희가 먼저 조사하는 거죠. 또 이 수업이 센터 장비를 다루는 수업이다 보니 미리 확인이 필요한 것들이 있죠. 유아미디어교육은 교구도 굉장히 중요한 부분 중 하나라서 장비와 재료를 센터에서 적극적으로 지원해 주는 것도 필요합니다." (임유진)

두 번째는 운영기관의 협조가 필요하다. 유아미디어교육의 내용과 필요성에 대한 명확한 이해와 교사들의 실질적인 도움 없이는 교육 운영이 어렵기 때문이다. 양육자에게 교육에 대해 설명하고 공지하는 역할부터 현장에서 수업을 보조하는 역할까지 운영기관의 역할은 매우 중요하다. 더불어 유아미디어교육에 대한 인식의 확산 측면에서도 기관의 역할은 매우 중요하다. 유아미디어교육에서는 기본 참여자 그룹 외에 양육자들까지 간접적인 교육 참여자가 될 수 있다는 장점이 있다. 미디어수업을 경험한 유아들이 집으로 돌아가서 수업 때 배운 것을 공유하거나 확인하는 과정이 자연스럽게 이루어지고, 그러면서 양육자인 어른들이 아이들에게 미디어에 대한 지식과 미디어를 접하는 태도를 거꾸로 배우게 될 수 있다. 이런 과정을 매개하는 것 또한 운영기관의 중요한 역할이라 볼 수 있겠다.

"하나의 주제 수업이 끝나면 교구나 학습 결과물을 아이들 편에 집으로 보내요. 집에서 부모님들이 아이들과 같이 미디어

수업에서 배운 것들에 대해 이야기하거나 참여해 보는 경우도 있는 것 같아요. 미디어수업에 대한 학부모들의 반응이 좋으니 유아교육 기관에서도 인식이 달라지는 부분도 있어요." (임유진)

마지막으로 원활한 교육 운영을 위해 순천센터에서 가장 중요하게 생각하는 점은 수업에 참여하는 미디어교사들의 적극성과 준비성이라고 말한다. 또한 유아교육은 현장에서 일어나는 변수가 다양하게 존재하고, 교사 간 빠른 소통을 통해 임기응변해야 하는 경우가 많아서 교사들 간의 역할 분담과 긴밀한 관계도 매우 중요하다.

순천에서 유아미디어교육이 안정화 될 수 있도록

유아교육 현장을 꾸리면서 순천센터가 가장 어려웠던 것은 수업이 운영될 수 있는 기본적인 토대를 다지는 과정이었다. 미디어교육에 대한 지역사회의 인식을 넓히고, 유아교육 현장에서 미디어센터에 대한 신뢰를 높이고, 미디어교사들과 교육과정과 교자료에 대한 연구를 거듭하며 좋은 교육을 만들기 위해 노력해왔다. 순천센터 유아미디어교육의 앞으로의 모습은 어떨까?

"유아미디어교육이 가진 중요성도 있고, 또 센터에서 계속하고 싶은 사업 중 하나여서 가능한 범위에서 진행하게 될 것 같아요. 장기적으로 봤을 때는 매년 최소 한두 단위라도 진행해

서 지역 내에 유아미디어교육이 안정적으로 자리 잡게 하는 것이 목표가 될 것 같습니다." (임유진)

　지난 3년간의 순천센터의 유아미디어교육은 어려운 환경에서 여러 사람의 노력으로 만들어졌다. 미디어센터는 지역사회와 끊임없이 소통했고, 참여 교사들은 연구와 학습을 반복하며 유아에게 적합한 교육 현장을 위해 자신의 역량을 끌어올렸다. 그 결과 순천지역의 유아교육 기관들에서 유아미디어교육에 대한 긍정적인 인식을 만들어 내는 데 성공했다. 이제 한 걸음을 내디딘 것이다.

　그동안의 행보는 결코 녹록치 않았던, 그러나 너무나 의미 있는 한 걸음이었다. 유아들이 즐겁게 참여할 수 있는 미디어교육을 체계화하는 과정은 없는 길을 새로 내는 것만큼이나 고달픈 일이지 않았나 싶다. 그럼에도, 염치없이, 미디어센터의 유아미디어교육이 꾸준하기를 바라는 마음을 살포시 얹어 순천센터의 유아미디어교육이 앞으로도 계속될 수 있기를 바라본다. 지금처럼 신뢰의 파트너십으로 순천센터와 미디어교사가 함께 좋은 유아미디어교육을 계속 만들어 주기를 기대해보자!

간알림설정
동영상 시청 중
휴식을 취하라는 알림
스마트폰에서만 가능
바르고 자신있게
마스크 쓰기
손 씻기
조용히 식사하기
개인 물건 사용하기
친구와 거리두기
화장실은 한 명씩
우리들의 하루는
08:40~09:00
09:00~09:40
09:50~10:30
10:40~11:20
11:30~12:10
12:10~1:00
1:00~1:40
1:50~2:30
시간표

어린이들의 슬기로운 유튜브 생활

디지털 시민성을 키우는
디딤돌이 되는 미디어교육

수원시미디어센터 어린이 미디어교육

제2장

어린이들의 슬기로운 유튜브 생활

디지털 시민성을 키우는 디딤돌이 되는 미디어교육

인터뷰   김다정 (수원시미디어센터 미디어교육팀)
          임설희 (미디어교육교사)

"이 숫자가 의미하는 게 뭘까요?"

400시간/1분

　미디어교사의 말과 함께 화면에 나타난 숫자에 아이들이 웅성웅성, 답을 유추해내느라 바쁘다. 숫자로 알아보는 유튜브 퀴즈 시간, 너도나도 할 것 없이 목소리를 높이던 아이들은 1분마다 업로드되는 유튜브 영상 시간이 400시간이라는 답에 눈을 동그랗게 뜨고 놀라움을 감추지 못한다.

'20억 명'
'4위'
'10대'

계속해서 이어지는 숫자 퀴즈에 아이들은 호기심과 기대감으로 눈빛을 반짝이며 답을 맞춰보려고 애를 쓴다. '유튜브 좀 그만 봐라.'라는 말을 듣는 대신 유튜브에 대해 적극적으로 이야기하는 이 시간은 수원시미디어센터(이하 수원센터)의 미디어교육 '슬기로운 유튜브 생활' 시간이다.

'슬기로운 유튜브 생활'은 어린이들의 유튜브 이용을 자연스러운 것으로 인정하고, 유튜브를 얼마나 보는지, 어떤 콘텐츠를 좋아하고 자주 보는지, 유튜브 때문에 생긴 갈등은 없는지 등 유튜브와 관련된 일상의 여러 이야기를 나눠보는 교육이다. 물론 그것으로 끝나는 건 아니다. 교육 참여자들이 유튜브와 관련된 다양한 이야기를 풀어놓은 후에는 유튜브의 각종 정책을 살펴보며 그것을 참여자들의 경험과 연결해 보는데, 이 과정에서 유튜브의 시청자이자 제작자로서의 태도에 대해 생각해보게 한다. 교육은 참여자들이 유튜브에 대해 새롭게 알게 된 내용을 가지고 유튜브 사용 설명 영상을 제작하는 것으로 마무리된다.

'비판적 읽기'가 강조되는 교육은 어려울 것이라거나 집중력이 짧은 어린이들에게 이론이 많이 들어가는 교육은 쉽지 않을 거라는 이유 등으로 어린이를 대상으로 한 미디어교육은 대다수 영상 제작이 중심이거나 일회성 체험 활동인 경우가 많다. 하지만 '슬기로운 유튜브 생활'은 유튜브라는 매체를 깊이 파고들어 비판적인 시각으로 읽어보는 경험에 더 큰 방점이 찍혀있다. 물론 아이들이 딱딱하게 각 잡고 앉아 지식을 쌓는 게 아니라 '유튜브'라는 넓은 바다를 신나게 헤엄치며 자기의 경험을 새로운 눈으로 바라보는 방식이다.

그 모든 것의 시작

　'슬기로운 유튜브 생활'은 수원센터에서 지난 2019년부터 미디어리터러시 교육과정 연구개발 사업으로 만들어진 미디어교육이다. 이 사업을 처음 제안한 미디어교육팀 김다정 씨는 제작 중심으로 획일화되어가는 미디어교육 현장에 문제의식을 가지면서 미디어 리터러시에 대해 더 관심을 갖게 되었다. 미디어 리터러시에 대해 공부를 하다 보니 센터에서 하고 있는 미디어교육을 다른 각도로 바라보게 되었고, 여러 가지 고민이 들기 시작했다. 마침 미디어교육과 관련하여 「미디어교육 활성화에 관한 법률」과 「미디어교육 지원법안」 두 법안이 발의되며 정책적 논의가 활발하게 이루어지는 시점이기도 했다. 이런 흐름 안에서 수원센터는 미디어교육에 대한 수요, 특히 학교에서의 수요가 더욱 늘어나리라 전망했고 미디어센터가 학교와 접점을 갖고 학교 내 미디어교육이 더욱 확산될 수 있도록 준비해야 한다고 생각했다. 김다정 씨는 제작 활동보다 리터러시(읽기)가 중심이 되는 미디어교육을 학교에서 실행해보면 좋겠다고 생각했고, 전국 미디어센터의 교육 사례를 찾아보며 자료조사를 시작했다. 하지만 학교 미디어교육에 적용할 수 있을 만한 사례 중 제작 활동보다 읽기가 중심이 되는 미디어교육 사례는 의외로 많지 않았다.

"그냥 우리 손으로 만들자, 그럴 수밖에 없겠다, 라는 생각을 했어요. 예산이 크지 않았기 때문에 센터에서 열심히 활동하는 강사님 중 이 사업에 관심 가질 만한 분에게 제안하고 이전에 인연이 닿아있던 미디어교육 연구자 한 분을 초빙해서 연구개

발 사업을 시작하게 되었어요." (김다정)

인터뷰 사진 김다정 씨

모두의 바람을 담아,
한 발을 내딛다

2019년 4월, 따스한 봄바람이 불어오던 어느 날 첫 회의가 열렸다. '학교' 그리고 '읽기 중심'이라는 두 가지 키워드 외에 정해져 있는 것이 없는 상태였다. 수원센터 미디어교육팀 기획자 2명과 미디어교사 2명, 자문위원까지 5명이 처음으로 모인 그 자리에서 앞으로 개발할 교육 모델의 얼개가 만들어졌다. 기획자를 비롯한 연구진은 학교 미디어교육의 확장성과 미디어 이용 형태를 고려하여 초등학교 5, 6학년과 중학생으로 교육 대상을 좁혔다. 그리고 교육 내용이 일상생활에 적용될 수 있고, 실제 삶에서 의미 있는 변화를 만들어낼 수 있도록 대상층이 가장 많이 이용하는 '유튜브'를 중점적으로 다루기로 했다.

유튜브의 적극적인 소비자이기도 하면서 생산자가 되기도 하는 어린이·청소년들이 유튜브를 단순히 이용하는 것을 넘어서서 그것을 둘러싼 다양한 요소들을 정확하게 인지하면 좋겠다는 바람은 그 자리에 모인 미디어교육자들 모두가 갖고 있는 마음이었다. 미디어교육자들의 이런 바람을 교육에 담아보기로 하면서 본격적인 연구개발 사업이 한 발을 내디뎠다.

"처음에 제안받았을 때 잘 모르는 영역임에도 불구하고 해보겠다고 했어요. 요즘 아이들이 유튜브에 너무 빠져있는 모습을 주변에서 많이 봐오기도 했고, 엄마 입장에서 이런 것을 어떻게 교육해야 하는지에 대한 고민도 있었거든요." (임설희)

커리큘럼 연구개발 과정에 참여한 임설희 씨는 수원센터에서 처음 미디어교육을 시작한 10년 차 미디어교사다. 평소 유튜브를 즐겨보지도, 비슷한 교육을 해본 경험도 없었지만, 미디어교사로 활동하면서 항상 좋은 에너지를 받으며 성장해 온 경험 때문에 흔쾌히 함께하기로 결정했다. 이전에는 한 번도 해본 적 없는 교육의 커리큘럼과 교수지도안을 개발하기 위해 유튜브에 관련된 책을 열심히 읽고, 안 보던 유튜브를 보기 시작했다.

"유튜브에 대해 알고 싶어서 책도 읽고 검색도 해보다가 유튜브 고객센터를 알게 됐어요. 그러면서 유튜브의 여러 정책을 알게 되었고, 그것들을 활용한 수업을 해볼 수 있겠다고 생각하게 된 것 같아요. 아이들이 잘 모를 수 있는 것을 알려주고 같이 이야기하면서 부족한 정책은 보완하고 발전시킬 이야기를 나눠볼 수 있겠다고 생각했어요." (임설희)

슬기로운 유튜브 생활

4회차와 8회차 두 가지 형태의 커리큘럼으로 개발된 '슬기로운 유튜브 생활' 교육의 중심에는 유튜브의 정책이 있다. 유튜브의 제한모드와 휴식시간 알림, 부적절한 콘텐츠 신고, 댓글, 유튜브의 추천영상 구동원리, 아동 콘텐츠 등과 관련된 정책을 다양한 활동으로 연결했다.

유튜브로 야기된 갈등 상황과 그것을 해결하기 위한 방법을 고민해 본 후 유튜브에서 제공하고 있지만 이용자들은 잘 모르는 제한모드와 휴식시간 알림에 대해서 알아본다거나, 친구나 동생에게 추천하거나 추천하고 싶지 않은 콘텐츠에 관해 이야기해본 후에는 부적절한 콘텐츠 신고 방법에 대해 알아보는 방식이다. 이런 식으로 일상에서 유튜브를 사용하다 보면 한 번쯤 경험해봤을 일들을 이야기하는 과정에서 그것과 관련된 유튜브의 정책을 살펴보고, 더 필요한 정책이나 기능은 없는지 생각해보는 것이 '슬기로운 유튜브 생활'의 큰 흐름이라고 할 수 있다.

전체 교육의 회차에 따라 다루는 내용이 달라지기는 하지만 주요 컨셉은 달라지지 않는다. 회차마다 완결된 주제가 있기 때문에 교육 환경에 따라 얼마든지 구성을 달리해볼 수도 있다.

"회의하면서 다들 아이디어를 내고 그것에 대해 미디어교육 연구자님이 자문 의견을 주고 그것을 임설희 선생님이 자기만의 스타일로 정리하고 그러면 또 거기에 의견을 보태고 하면서 커리큘럼이 완성되었어요." (김다정)

'슬기로운 유튜브 생활'은 오랜 시간 여러 사람이 머리를 맞대고, 꼬리에 꼬리를 무는 질문에 서로의 고민과 대답을 모아 만든 소중한 결과물이다.

초등학생과 중학생에게 맞는 흥미로운 교육 방식이 무엇인지, 아이들이 지금 어떤 경험을 하고 있는지, 경험을 끌어낼 수 있는 효과적인 방법은 무엇일지, 아이들 삶 속에 스며들어 있는 이야기를 통해 어떻게 인식을 변화시킬 수 있을 것인지…. 연구진들은 수차례 이어진 회의에서 계속해서 질문하고 함께 답을 찾아나갔다.

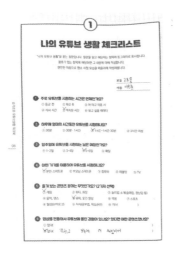

일방적인 정보 전달보다는
스스로 생각하는 기회를

커리큘럼을 개발하면서 중요하게 생각했던 것 중 하나는 절대로 아이들에게 일방적인 정보 전달을 하지 않는다는 것이었다. 당연한 이야기 같지만, 아직도 교사는 지식을 전달하는 사람으로, 교육 참여자는 가르쳐야 할 대상으로 고정된 틀 안에서 진행되는 교육이 많다. 교육 참여자들이 스스로 체득하기 전에 변화를 강요하는 일방적인 지식 전달은 오히려 교육 효과가 없다는 것이 널리 밝혀진 사실임에도 그렇다.

미디어교사 임설희 씨를 비롯한 연구진들이 생각한 목표는 크지 않았다. 그저 교육 참여자들이 교육과정을 거치며 '아, 나는 이런 식으로 유튜브를 보고 있었구나.'하고 인지하는 것만으로 충분하다고 생각했다. 그것만 돼도 성공이라고 생각했다. 스마트폰을 열고 유튜브가 추천하는 영상을 빠르게 재생하고 또 다음

영상을 클릭하는, 반복적이고 소비적인 시청이 무의식적으로 이루어지는 현실을 떠올려보면, 잠시 멈춰 서서 내가 무엇을, 어떻게, 왜 보고 있는지 생각하는 것만으로도 변화는 시작되는 것인지 모른다.

"아이들이 유튜브에 대한 서로의 경험을 나누다 보면 그동안 미처 생각해보지 못했던 것을 생각할 수 있는 계기가 되는 거잖아요. 그런 시간을 마련해주는 것이 의미가 있을 것 같다는 생각이 들었어요. 단순하게 재미만을 추구하는 유튜브 시청이 아니라 유튜브에 대해 좀 더 알고 서로의 경험과 생각을 공유하면서 각자 자기만의 생각을 키워보는 계기가 되면 좋겠다는 생각을 많이 했어요." (임설희)

연구개발 과정에서 고려한 또 다른 요소 하나는 교육에서 다루는 매체가 무엇이 되더라도 적용 가능한 커리큘럼을 만들자는 것이었다. 매체는 끊임없이 진화하고 변화하는데, 그것이 바뀔 때마다 커리큘럼을 바꿀 수는 없다. 매체가 변화해도 바뀌지 않는, 미디어 리터러시의 본질적인 요소를 놓치지 말자고 의견을 모았고, 그렇게 미디어 리터러시 교육의 요소를 정리해 나갔다.

"미디어 리터러시가 무엇이냐고 했을 때 처음엔 조금 막연했어요. 찾아보면 사용하는 용어나 정의가 학자마다 조금씩 다르기도 했고요. 그래서 수원센터만의 미디어 리터러시를 찾아보자는 목표를 세웠는데 연구개발 과정에서 그 부분이 이루어진 것 같아서 고무적이었어요." (김다정)

수원센터는 연구 세미나를 통해 미디어 접근, 분석, 창작, 소통, 윤리적 이용 태도를 미디어 리터러시 교육 요소로 정의했다. 앞으로 이 요소들이 균형을 이루며 수원센터만의 미디어교육이 만들어질 것이었다. 미디어교육을 통해 콘텐츠를 창작하는 것에서 나아가 윤리적 이용 태도를 갖춘, 보다 책임감 있는 디지털 시민으로 한발 더 나아가는 디딤돌을 만들 수 있을 것이라는 기대감에 김다정 씨는 한껏 고무되었다.

연구와 현장 사이의 간극을 줄이는 일

커리큘럼 개발이 진행되는 동안 김다정 씨는 시범 교육을 함께 진행할 기관을 물색했다. 2018년 말 개관한 천천청소년문화의집은 미디어 분야 특화로 미디어 관련 사업을 운영하고 있었고 적극적인 지지를 보내주는 기관장과 미디어교육을 잘 이해하는 담당자가 있었다. 천천청소년문화의집과 협력하여 초등학생과 중학생을 대상으로 각각 4회차로 시범 교육을 진행했다.

시범 교육이라고 해서 모의로 수업을 진행하는 건 아니었다. 실제 참여자를 모집해서 교육을 진행하는데 자문위원이 교육을 참관하고 전체 교육 과정을 영상으로 찍어 모니터링한다. 어떻게 보면 실제 교육보다 더 긴장될 수밖에 없는 환경이다.

"긴장이 많이 됐어요. 아이들의 경험을 끌어내는 질문을 많이 해야 하는데 잘할 수 있을지가 제일 걱정되었고, 시범 교육을 4차시로 진행했는데 제작 파트가 있었거든요. 아이들이 짧은 시간에 이걸 다 할 수 있을까, 걱정이 많이 되었어요." (임설희)

긴장은 미디어교사만의 몫은 아니었다. 처음 시도하는 교육, 예측 불가능한 다양한 변수 앞에서 기획자도 잔뜩 긴장할 수밖에 없었다.

"센터 입장에서는 참여자 모집이 잘 될까, 중간에 그만두지 않을까, 그런 부분이 제일 걱정이 되었죠." (김다정)

실제 어떤 참여자는 유튜브 영상을 만드는 줄 알고 왔다가 그만두기도 했고, 엄마 손에 이끌려 왔다가 그만둔 참여자도 있었다. 참여자 모집과 출석률은 모든 교육에서 기획자를 골치 아프게 만드는 요소다.

임설희 씨의 걱정과 다르게 솔직하게 자기의 경험담을 나눠주고 적극적으로 제작 과정에 참여해주는 아이들 덕분에 첫 시범교육은 무사히 마무리되었다. 게다가 생각지 못한 소득도 있었다. 데이터와 텍스트로만 존재하던 아이들의 문화가 수업을 통해 구체적으로 드러난 것이다.

"아이들이 유튜브를 어떻게 사용하고 있고, 어떤 걸 좋아하는지, 부모님과 어떤 갈등을 겪었고, 자신들이 보기에도 부적절

한 콘텐츠를 볼 때 어떤 감정을 느끼는지 같은 이야기들을 들으면서 오히려 아이들에 대해, 아이들의 요즘 문화에 대해 많이 알게 되었어요." (김다정)

시범 교육이 끝나고 난 후, 김다정 씨는 더 바빠졌다. 시범 교육을 운영하면서 수업 선택을 주도하는 양육자의 인식이 매우 중요하다는 사실을 알게 되어 학부모 특강을 기획했고, 교육 신청자들이 수업을 제대로 이해하고 참여할 수 있는 홍보 방법을 고민했다. 2019년, 첫발을 내딛고 숨 가쁘게 달려온 연구개발 사업은 2020년을 지나 2022년까지 계속해서 이어졌다.

더디지만 꾸준히 노를 저어 나갔던 4년

연구개발로 완성된 커리큘럼을 가지고 본격적으로 여러 학교에서 아이들을 만나리라 기대했던 2020년, 코로나19라는 예상치 못한 상황에 학교는 문을 걸어 잠그고 많은 기관이 운영을 중단했다. 수원센터의 사업도 주춤할 수밖에 없었다. 코로나19라는 초유의 상황에 무엇을 어떻게 해야 할지 모르던 시기를 지나 비대면 수업이 조금씩 활발해지던 때, 온라인으로나마 아이들을 만날 기회가 생겼다. 평택에 있는 한 초등학교에서 비대면 교육을 요청해온 것이다. 대면 수업을 염두에 두고 준비했던 많은 것들을 비대면 환경에 맞춰 새롭게 고려해야 했고 생각지 못한 어려움도 많았지만, 처음으로 학교와 연계하여 '슬기로운 유튜브 생활'을 운영해볼 수 있었다. 그것 자체에 의미를 두고 본격적으로 사업에 시동을 걸었다.

이후 김다정 씨는 타지역 미디어센터와 연계한 교육, 학교 교과와 연계한 교육 등 다방면으로 외부 기관과 학교에서 교육 실행의 기회를 만들어 나갔다. 동시에 외부 위원을 위촉해 커리큘럼과 교수지도안에 대한 의견을 수렴하고 연구 세미나를 지속하며 커리큘럼을 세밀하게 보완해 나갔다. 20년과 21년에는 교육은 활발하게 실행하지 못했지만, 몇 차례 교육과 세미나를 거치며 교수학습 지도안과 워크북을 발간할 수 있었다.

또 2022년에는 '슬기로운 유튜브 생활'이 보다 많은 곳에서 날개를 달고 뻗어나갈 수 있도록 교강사 연수 프로그램을 진행했다. 연구개발 사업에 참여한 미디어교육자 한두 명만으로는 늘어나는 학교 미디어교육의 수요를 모두 감당할 수 없기 때문이다.

"짧긴 하지만 교강사 연수 프로그램을 진행했어요. 홍보를 위해 보도자료도 배포하고 수원 관내 학교에 공문도 보냈어요. 구글 설문지로 참여 신청을 받았는데 타지역 미디어센터, 미디어강사 분들이 꽤 신청을 해주셨어요. 연수 프로그램을 수료하신 분들과 하반기 학교 미디어교육을 진행할 생각이었기 때문에 전략적으로 2021년 교강사 양성과정 수료생과 마을 미디어 활동가, 사전에 보조강사로 참여하기로 했던 분에게도 참석을 요청 드렸어요." (김다정)

그렇게 총 열여덟 명이 참여한 연수 프로그램은 이틀에 걸쳐 진행되었다. 첫 시간엔 '슬기로운 유튜브 생활' 커리큘럼의 1~4차시, 두 번째 시간에는 5~8차시 활동에 관해 설명하고 함께 활동을 해본 후에 각자 프로그램에 대해 더 공부할 수 있는 시간을 갖도록 했다. 그렇게 연수 프로그램을 마친 교육자들은 그해 9월부터 12월까지 대선초, 숙지초, 효동초, 효원초 네 개 학교에서 진행된 미디어교육에 주강사와 보조강사로 참여하며 센터와 호흡을 맞췄다. 이들은 앞으로 더욱 활발하게 진행될 '슬기로운 유튜브 생활'에 동행하며 수원 지역 미디어 리터러시를 책임지게 될 것이다.

하지만 김다정 씨가 그리는 궁극적인 목표는 학교 교사들이 자발적으로 '슬기로운 유튜브 생활'의 커리큘럼을 이용하는 것이다.

"미디어교육자분들이 10개의 학교에 수업하러 나가는 것도 중요하지만 10개 학교에 있는 10명의 교사가 자발적으로 이 커리큘럼을 이용해보겠다고 하는 것이 저희 최종 목표라고 할 수 있을 것 같아요. 그렇게 되기 위해서 저희도 노력을 더 해야 할 것 같아요. 홍보도 당연히 필요할 거고요." (김다정)

김다정 씨는 학교 현장에서 교사들이 교육을 직접 운영하는 것을 목표로 2023년에는 기관 협력을 통한 교사 직무 연수도 계획하고 있다.

2022년, 슬기로운 유튜브 생활의 본격적인 항해 시작

　사회적 거리두기에서 일상 회복으로 나아가기 시작한 2022년
은 그동안 차곡차곡 교육 사례를 쌓아온 '슬기로운 유튜브 생활'
이 본격적으로 실행되기 시작한 해이다. 2022년 하반기 대선초
를 비롯하여 수원 지역 네 개 초등학교에서 '슬기로운 유튜브 생
활'이 아이들을 만날 수 있었다. 특히 대선초등학교 5학년 학생들
과 진행한 교육은 커리큘럼이 개발된 이후 학교에서 8회차 수업
전체를 온전하게 적용해 본 첫 사례가 되었다.
　이전의 교육 경험 덕분에 처음 교육했을 때보다 긴장감은 덜
하긴 했지만, 새로운 참여자들과 새로운 환경에서 만나는 교육은
늘 어렵다. 미디어센터에서 진행하는 수업은 한 회차가 2시간 수
업이지만 학교는 한 회차가 40분이다. 같은 회차라도 시간이 다
르니 미디어교사는 계획된 수업을 진행하려면 아주 분주하다. 여
기저기서 쏟아지는 아이들의 이야기를 들으며, 다음에 진행될 활

동을 머릿속으로 그려보고, 예상 반응이 나오지 않으면 또 다른 질문으로 아이들의 생각을 끌어내야 한다. 특히 대선초등학교는 학급 당 학생 수가 25명이 넘는 과밀 학급이라 수업이 진행되는 내내 긴장을 늦출 수가 없었다. 그래도 교육을 계속 이어갈 힘은 결국 아이들에게서 온다.

"수업을 몇 번 진행하고 나니까 한 친구가 복도에서 저를 만날 때마다 인사를 하면서 너무 재미있다는 말을 계속해주는 거예요. 그 친구 덕분에 힘이 났어요." (임설희)

8회차의 수업 중 아이들의 반응이 가장 폭발적이었던 수업은 '알고리즘'에 대한 수업이었다. 어떤 사람의 유튜브 시청 기록을 주고 그 사람에게 추천할 만한 콘텐츠를 작성하는 것이 미션인 수업인데, 아이들은 미디어교사가 예상치 못했던 지점에 흥미를 보였다.

"아이들은 그 '어떤 사람'이 누구인지가 너무 궁금했나 봐요. 특히 한 반에서 유독 거기에 꽂혀서 '선생님 맞죠, 선생님 맞죠' 하더라고요. 그 사람에게 추천하는 콘텐츠 발표할 때 제 반응을 한번 보라고 이야기하고 아이들 발표를 듣는데, 아이들이 추천하는 콘텐츠 때문에 빵 터지기도 하고 그랬어요." (임설희)

추천 영상의 구동 방식에 관해 이야기하는 것이 목표였던 수업은 미디어교사가 제시한 유튜브 시청 기록의 '주인공'에 꽂힌 아이들 덕분에 무겁지 않고 즐겁게 진행되었다. 웃고 즐기는 와

중에도 교사의 의도를 간파하고 중요한 내용은 마음에 새기는 아이들이기에, 아마 미디어교사가 전달하고자 하는 것은 모두 전달되었을 것이다.

모든 수업이 즐겁고 매끄럽게 진행되었던 것은 아니다. 사전 규칙을 함께 만들고 공유했음에도 불구하고 콘텐츠와는 상관없는 댓글을 반복해서 달거나 욕설과 관련된 이모티콘을 써서 수업 진행이 어려웠던 경험은 아직도 생각하면 식은땀이 난다. 같은 커리큘럼이라도 아이들의 경험과 문화, 교실 분위기에 따라 수업은 항상 다른 모습일 수밖에 없다. 아무리 준비해도 예측 불가능한 상황은 항상 일어난다. 결국 매번 다르게 펼쳐지는 수업에서 교육의 중요한 흐름을 놓치지 않고 상황에 맞게 내용을 적절하게 조정해나가는 미디어교사의 순발력과 경험이 매우 중요하다.

'슬기로운 유튜브 생활'이 남긴 것

"기억에 남는 아이가 있는데, 축구선수가 꿈인 5학년 아이였어요. 그 친구는 유튜브에서 축구 콘텐츠만 시청한다고 하더라고요. 그러니까 그 친구에게 유튜브는 축구 선생님과 같은 거죠."
(임설희)

4년째 유튜브를 매개로 아이들을 만나온 임설희 미디어교사는 수업하면서 아이들을 새로운 눈으로 보게 되었다. 무분별하게 유튜브를 소비하고 있을 것이라는 지레짐작과 달리 아이들은 나름의 기준을 가지고 그들이 소비하는 콘텐츠에 관해 판단을 잘하고 있고, 생각보다 훨씬 더 주도적이고 주체적이라는 사실을 알게 되었다. 아무 생각 없이 그냥 유튜브를 보는 것이 아니라 유튜브는 아이들의 스트레스 해소처이자 즐거움이고 동시에 필요한 정보를 습득하는 유용한 곳이기도 하다는 것도 알았다. '슬기로운 유튜브 생활'과 함께 한 지난 4년의 세월은 미디어교사에게는 아이들을 통해 생각을 확장하고, 틀에 박힌 생각들을 걷어내는 시간이었다.

인터뷰 사진 (좌)김다정 씨, (우)임설희 씨

"앞으로 이 커리큘럼을 어떻게 활용할지 사업적으로 더 구상하는 것이 제 몫이잖아요. 그런 부분들을 더 해나가야 하고, 이 교육의 효과를 어떤 식으로 보여줄 것인지도 고민이에요. 참여자 인터뷰나 기관이나 학교 담당자 인터뷰를 가지고 효과에 대한 연구도 되면 좋겠는데 그 부분까지 녹여내지 못해서 아쉬움이 많이 남습니다." (김다정)

지난 4년간의 과정을 생각하면 아직은 피로감밖에 없다고 웃는 김다정 씨. 그건 지난 4년으로 사업이 마무리된 것이 아니기 때문일 것이다. 처음부터 이 사업을 구상하고 연구진을 꾸려 열심히 달려온 그에게는 지난 4년의 성과보다 앞으로 해나가야 할 숙제와 아쉬움이 더 크게 남아있다.

"4년째 아이들을 만나다 보니 그 짧은 시간 동안에 아이들이 보는 콘텐츠나 이용 태도, 환경 같은 게 많이 바뀌는 것을 느끼게 되었어요. 저희 교육에서 나온 여러 자료가 또 다른 후속 연구의 자료로 쓰일 수도 있을 것 같아서 데이터를 정리해보고 싶은데 아직은 하지 못하고 있어요. 언젠가 해보면 좋겠어요." (김다정)

김다정 씨는 교육을 운영해온 4년간, 코로나19에 대한 대응 강도에 따라 아이들의 유튜브 이용 시간이 바뀌는 것을 체감했다. 해를 거듭할수록 유튜브 시청의 제한 모드와 같은 기능에 대한 인식이 높아지는 것 또한 확인할 수 있었다. 모둠별로 즐겨보는 콘텐츠와 좋아하는 크리에이터는 해마다 바뀌고, 즐겨보는 콘텐츠 분야도 달라지는 것을 보며 빠르게 변화하는 기술만큼 아이들의 환경과 문화도 바뀌어 간다고, 계속 공부하고 연구해야 할 것 같다는 그는 뼛속부터 기획자가 틀림없는 것 같다.

모든 게 너무나 빠르게 변화하는 시대, 어떤 것이 예외일 수 있을까마는 미디어교육의 가장 중심에 있는 '미디어'는 특히 변화의 속도도 빠르고 그 영역 역시 방대하고 복잡하다. 사람과 사람을 연결해주고, 메시지를 전달하는 '미디어'의 속성과 그 본질 자체는 변하지 않겠지만, 빠르게 모양을 바꾸며 나타나는 미디어와 그로 인한 환경의 변화는 감당하기 버거울 때가 있다. 이럴 때 함께 고민을 나누며 새로운 환경에 대응할 수 있는 커리큘럼을 연구하고 교육 현장을 함께 만들어 갈 수 있는 든든한 울타리가 있다는 것은 얼마나 큰 행운일까.

"절대 저 혼자 할 수 없는 과정이었던 것 같아요. 이끌어주신 기획자가 있었기 때문에 가능했고, 미디어교육자로서 역량을 높이고 성장할 수 있는 큰 발판이 된 시간 같아요." (임설희)

코로나19에서 벗어나 일상 회복으로 나아가기 시작한 2023년, '슬기로운 유튜브 생활'의 항해는 지금부터 본격적인 시작이다. 올해 수원센터는 자체적으로 운영하는 학교 미디어교육 외에 기관 협력의 물꼬를 트고자 한다. 현재 안양시동안청소년수련관과 청소년 대상 유튜브 리터러시 교육 협력 운영을 논의 중이고 4.16민주시민교육원과 교사 직무연수 진행을 논의하고 있단다.

'슬기로운 유튜브 생활'은 어디에서, 어떤 아이들을 만나며 또 다른 기록을 만들어 가게 될까. 미디어 접근, 분석, 창작, 소통, 윤리적 이용태도, 이 다섯 가지 요소가 고르게 녹아들어 간 수원센터만의 미디어교육은 앞으로 어떤 모습으로 진화하며 지역에서 뻗어나가게 될까. 지난 4년, 더디지만 굳건하게 한 걸음 한 걸음 내디뎌 온 수원센터의 행보를 생각해보면 앞으로 어떤 결실을 맺으며 다음 단계로 나아갈지 더 기대되고 궁금하다.

수원센터가 '슬기로운 유튜브 생활'과 함께 내디딘 이 발걸음이 지역의 더 많은 학교로, 다른 미디어센터로 이어지며 어린이와 청소년들이 더욱 슬기로운 디지털 시민으로 살아갈 힘을 기르기를 바란다.

미디어로 민주적인 소통 문화를 만들어가다

더불어 살아가는
법을 배우는 학교미디어교육

강릉시영상미디어센터 민주시민미디어교육

제3장 미디어로 민주적인 소통 문화를 만들어가다

더불어 살아가는 법을 배우는 학교미디어교육

인터뷰   이한솔(강릉시영상미디어센터 미디어교육팀)
         유민아(세손가락협동조합, 강릉지역 미디어교육자)

아직 해가 짧은 겨울이라 강릉에서 두 사람을 만났을 저녁 무렵은 어둑어둑했다. 휴양지로 유명한 강릉의 거리에 화려한 조명이 하나, 둘 반짝이는 시간이었다. 잦아드는 비를 맞으면서 말랑한 마음으로 바닷가를 걸어도 좋은 그런 날씨에 우리는 쌉쌀 달콤한 홍차 향과 까만 인테리어가 매력적인 강릉의 어느 카페에서 대화를 시작했다.

강릉시영상미디어센터(이하 강릉센터)는 2019년부터 꾸준히 강릉지역 초·중·고등학교와 연계하여 민주시민 미디어교육을 진행하고 있다. 단순히 학교에서 요청하는 미디어교육을 미디어센터가 수행하는 차원이 아니라 강원도강릉교육지원청(이하 지원청)과 긴밀하게 소통하여 매년 교육청에서 지원하는 민주시민 교육의 일환으로 미디어교육을 진행하고 있다.

강릉센터의 제안으로
시작된 민주시민 미디어교육

현재 강릉지역의 다양한 청소년 미디어교육 현장에서 활동하고 있는 유민아 씨는 강릉센터 교육팀에서 근무하며 학교에서 다양한 형태의 미디어교육이 시도될 수 있도록 노력한 장본인이다.

유민아 씨는 2019년 청소년 미디어교육을 강릉센터 차원에서 확장해보고자 교육지원청을 찾아가 지원을 요청했고, 그때 시작된 것이 학교에 찾아가 진행하는 형태의 민주시민 미디어교육이었다.

당시 지원청에서는 민주시민교육의 실행 방안에 대한 고민이 있었고, 강릉센터는 해마다 늘어나는 학교미디어교육 수요를 어떻게 소화할 수 있을지에 대한 방법을 찾고 있었다. 강릉센터가 지원청과 교육 방향이나 내용에 대해 협의를 거치는 과정에서 유민아 씨는 어렵지만 미디어교육으로 민주시민교육을 해보고 싶다는 생각이 들었다고 했다. 민주시민교육은 학생이 자기 자신과 공동체적 삶의 주인임을 자각하고, 비판적 사고를 통해 자신이 속한 공동체의 문제를 상호 연대하여 해결할 수 있도록 지원하는 교육(교육부 2022)을 말한다. 여러 사회 구성원이 공동체를 이루고 함께 살아가는 방법에 대해 고민하고 배우는 과정이 민주시민 교육이라면 미디어가 매개하는 사회적 소통 문화 전반을 다루는 미디어교육은 민주시민교육과 가장 궁합이 잘 맞는 분야일 수 있다는 생각에서였다.

미디어교육의 프레임을 확장한
강릉의 민주시민 미디어교육

2019년, 민주시민 미디어교육이 처음 시작되던 해에 강릉센터에서 활동하는 미디어교육자들 또한 새로운 교육에 대한 의욕과 기대가 충만했다. 강릉센터를 중심으로 활동하는 미디어교육자 7명이 모여서 자발적인 연구 모임을 통해 공동으로 교육 커리큘럼을 만들었다. 이 모임에서는 기존의 미디어교육과는 조금 다른 방식으로 어린이, 청소년들이 미디어 수업에서 일련의 활동을 통해 자신들의 말과 행동에서 묻어나는 다양한 의식과 의사소통 문화를 들여다보고 느끼면서 스스로 변화를 만들어 낼 방법을 고민했다. 유민아 씨는 그때 연구에 참여했던 교육자들이 현재 강릉센터의 민주시민 미디어교육을 만들어낸 주역이라며 새롭고 어려운 교육 현장일수록 많은 고민이 필요하고, 그런 고민들이 질 높은 교육을 만들어낸다고 말한다.

현재 강릉에서 진행되고 있는 민주시민 미디어교육은 교육지원청, 개별 학교, 미디어센터, 시민 활동 단위와 지역 미디어교육자 및 예술인까지 다양한 사람들이 함께 만들어가는 다층적 협력이 필요한 사업이다. 협력의 범위가 넓다는 것은 의사소통을 위한 체계가 잘 정돈되어 있어야 한다는 뜻이자, 방향 및 내용설정 등 여러 단위의 의견 조율이 필요한 사업이라는 의미이기도 하다. 강릉센터는 이렇게 쉽지 않은 교육을 2019년 5개, 2020년 7개, 2021년 9개, 2022년 4개 학교와 함께 운영하면서 어느덧 5년 차를 바라보고 있다. 민주시민 미디어교육이 시작된 첫해에는 협력하는 학교들과 모여 공동상영회를 진행했고, 코로나19로 다수가 모이기 어려운 시기에는 사례집을 발간하기도 했다. 2022년에는 학생들과 함께 만들어가는 영화제를 진행하면서 학생이 주체적으로 활동을 이끌어가는 장을 마련하기도 했다.

강릉센터는 2021년 발행한 교육사례집에서 민주시민 미디어교육을 이렇게 정리하고 있다.

급속하게 확장되고 있는 지식정보사회를 마주한 우리들이, 넘쳐나는 미디어 정보와 서비스를 책임감 있고 성숙한 자세로 이해하고 비판하고 유통하며, 나아가 표현과 창작을 통해 모두가 건강한 삶을 살 수 있도록 돕는 교육입니다.

「우리가 주인공_함께 만들어가는 민주시민 이야기」(2021), 강릉시영상미디어센터 발행, 강원도 강릉교육지원청 지원

2022년부터 강릉센터에서 민주시민 미디어교육을 담당하는 이한솔 씨에게 강릉센터의 민주시민 미디어교육의 운영 방향은 무엇인지 물어보았다.

"저는 수업 때 학생들에게 '민주시민이란 우리를 위해서 하고 싶은 이야기를 할 수 있는 사람이다'라고 이야기해요. 이걸 우리가 쓰는 어른들 말로 바꾸면 '사회 속 여러 문제를 만났을 때 좀 더 유연하게 해결할 수 있는 능력을 기를 수 있게 도와주는 교육'이라고 생각합니다." (이한솔)

인터뷰 사진 이한솔 씨

　이한솔, 유민아 두 사람에게 민주시민 미디어교육 현장 이야기를 들어보았다. 이한솔 씨는 2022년 남강초등학교에서 본인이 참여한 교육을 소개해주었다.

　남강초등학교는 '학교가 이렇게 바뀌면 좋겠다'는 것을 주제로 교육 연극을 진행했다. 연극으로 아이들이 학교에 바라는 변화에 대한 이야기를 끌어내고 그것을 영상제작에 적용해보는 수업이 있었는데, 수업의 결과물로 급식 메뉴 개선에 대한 이야기가 담긴

영상이 제작되었다.

그 후 학생들은 정기 학생자치회의에서 급식 메뉴 개선안을 안건으로 제출하였는데, 학부모와 교사를 설득하기 위해 수업 결과물 영상을 활용했다고 한다. 학생들 입장에서는 공동의 문제를 미디어를 통해 해결한, 민주주의의 힘으로 학교를 변화시킬 수 있다는 것을 알게 된 아주 의미 있는 경험이지 않았을까.

유민아 씨는 민주시민 미디어교육에 관심을 두게 된 교육 사례를 소개했다. 본인이 기획자이자 교사로 참여했던 명륜고등학교 평화교육은 방송부 학생들과 2019년에 진행한 교육으로 '관계 속 위계, 차이와 차별, 소수 의견에 대한 존중' 등을 주제로 미디어로 기록, 관찰하고 다양한 방식의 토의를 진행했다. 서로 다른 학년끼리 마주했을 때 행동이 어떻게 다른지 영상으로 기록해보고, 소수의 의견이 배제되는 과정을 놀이로 경험해보는 등 학교 생활 속 깊숙이, 당연하게 자리 잡은 문화를 변화시키기 위한 이야기를 나누어 볼 수 있는 기회가 되었다.

"한 번은 정말 미묘한 색깔 차이가 있는 그림을 가지고 서로 토론하는 시간이었어요. 소수의 의견을 다수가 어떻게 받아들이고 있는지를 살펴보는 수업이었거든요. 10명 중의 3명 정도가 다른 색의 그림을 갖고 있는 상황이었죠. 저도 교사였지만 학생들과 똑같이 참여했는데, 제가 그 소수의 세 명 중 하나였거든요. 저는 이 수업을 진행하는 교사니까 이 활동이 무엇을 의미하는지 다 알고 있었음에도 저와 다른 의견이 대세가 되니까 계속 심리적으로 위축되기 시작하는 거예요. 활동이 끝나고 학생들과 소감을 나누는데 소수였던 학생들이 저와 같은 마음이었다고 하더라구요. 이 수업을 통해서 학생들도 직접적으로 당사자가 되어보는 경험, 배제와 차별의 문화를 체감한 거죠." (유민아)

남강초등학교 수업에서는 미디어가 참여자들의 의사 표현의 매개, 명륜고등학교 수업에서는 미디어가 자기 성찰을 위한 소통 도구로 훌륭하게 활용됐다. 현대사회에서 미디어가 사회적 소통의 한가운데를 차지하고 있는 만큼, 미디어를 '학습해야 하는 새로운 기술'로 사고하기보다는 미디어별 특성을 이해하고 다양한 상황에 적절하게 활용해보는 '일상적 활용에 대한 교육적 경험'으로 이해할 필요가 있다.

이런 맥락에서 강릉에서 진행된 민주시민 미디어교육은 민주시민교육에서 다루는 주제를 다양하게 학교의 수요에 맞게 설정하고, 미디어에 대한 이해부터 미디어 문화, 미디어의 영향력, 미디어가 변화시키는 소통 방법 등을 해당 주제에 맞는 방식으로 개별 적용한 좋은 사례라고 할 수 있다. 더불어 미디어교육이 '콘텐츠 제작 교육' 또는 '정보 판별 교육'이라 여겨지는 좁은 프레임을 벗어나 광범위한 영역에서 다양한 교육 주체들이 함께 고민하고 논의하고 실천해야 하는 것임을 학교와 지역사회에 알려낸 훌륭한 사례이기도 하다.

지역 사회 구성원들이
함께 만들어가는 민주시민 미디어교육

2019년부터 민주시민 미디어교육이 시작되면서 지원청으로부터 규모 있는 예산 지원이 이루어졌다. 강릉센터에서 해당 연도의 민주시민 미디어교육이 어떻게 진행될지에 대한 콘셉트 회의를 거치고, 그 내용을 기반으로 지원청과 긴밀하게 진행방식, 예산 등 현실적인 실행안에 대해 논의한다. 그렇게 결정된 내용을 바탕으로 초등학교와 중학교를 중심으로 신청서를 받아서 미디어센터가 취합하고 조율하여 교육 현장이 만들어진다. 이한솔 씨는 사업이 연차를 더해 갈수록 학교 교사들 사이에서 좋은 교육과정이라는 소문이 나면서 학교의 신청은 매년 더 많아진다며 은근한 자랑의 한마디를 덧붙였다.

학교에서 작성하는 신청서에는 민주시민 미디어교육에서 다루고 싶은 주제나 만들고 싶은 콘텐츠의 종류 등을 선택할 수 있는 항목을 넣고, 그것에 맞게 현장에 따라 적합한 미디어교육 강사를 매칭하는 방식으로 진행된다. 강릉센터는 학교 교사와 미디어교육자가 모두 참여하는 간담회를 통해 서로 논의할 수 있는 자리를 마련해서 주제에 따른 세부적인 교육 내용을 함께 논의한다. 논의 후 바로 민주시민 미디어교육이 진행되는 것이 아니라 최소 한 달 이상의 준비기간을 거치는데, 그동안 학교 교사들이 사전 교육을 진행하면서 민주시민 미디어교육을 전체 교과 흐름에 맞게 함께 만들어갈 수 있도록 돕기도 한다. 그야말로 학교 교사와 미디어교육자의 교과 연계 협력 수업이라고 볼 수 있다.

2021년 진행한 교육의 경우, 민주시민 미디어교육의 강사로 시민단체와 예술인이 결합한 사례를 발견했다. 사실 민주시민교육은 학부모, 교육기관뿐만 아니라 예술가, 분야별 활동가 등 다양한 사회 구성원들이 함께 고민해야 하는 교육 영역이다. 그러나 지역공동체 구성원 모두가 함께 아이들을 교육한다는 인식을 확산하기가 쉽지 않고, 다양한 사회 구성원들이 실제 교육 활동에 참여할 기회를 만드는 것은 더 어려운 일이다. 이렇게 어려운 일을 강릉센터가 해낼 수 있었던 것은 지역공동체 중심의 사업들을 통해 강릉지역 내 구성원과의 긴밀한 관계를 형성하고 있었고, 학교와 교육지원청이 하기 어려운 협력사업에 대한 노하우가 있었기 때문이었다.

2021년 진행된 연곡초등학교 민주시민 미디어교육은 한 반에 13명 정도였는데도 내일협동조합에 소속된 5명의 강사가 같이 들어가서 다 함께 수업을 진행했다고 한다. 생태전환마을 내일협동조합(이하 내일협동조합)은 '내일을 위한 모두의 선택'이라는 슬로건을 가지고 생태적으로 건강한 일상을 만들기 위해 시민들과 함께 고민하고 행동하는 단체다. 강릉시 포남동에서 쓰레기 줄이는 가게 '내일 상회'를 운영하고, 구정면에서 생태농사를 짓고 있다. 또한 제로웨이스트 라이프 스타일을 만들기 위해 환경 캠페인도 하고, 자체 교육 활동도 하고 있다.

연곡초등학교 교육은 강릉센터 입장에서는 새로운 방식을 도입한 교육적 시도였고, 내일협동조합에서도 조합이 추구하는 가치를 교육이라는 방법으로 학생들에게 알릴 좋은 기회가 되었다. 환경활동과 영화활동을 겸하고 있는 강사, 미디어센터의 다른 교육 활동 경력을 가진 강사 등 내일협동조합 소속 강사들의 다양한 구성 역시 민주시민 미디어교육에 결합하는 데 장점이 되었다.

2022년에는 예술인들도 민주시민 미디어교육에 참여할 수 있도록 했다. 기획자 이한솔 씨는 학생들이 정형화된 방식의 교육을 받는 것보다 예술적 표현이 결합된 교육을 받는 것이 학습효과가 더 높을 것이라는 판단에서 민주시민 미디어교육의 방법론을 고민하기 시작했다. 누구나 쉽게 호기심을 가지고 참여할 수 있도록 관찰과 표현을 동반한 예술 활동이 적절하게 융합되면 아이들이 체감할 수 있는 방식의 민주시민 미디어교육이 될 수 있다고 말한다.

이렇게 강릉센터는 기존에 민주시민 미디어교육이 진행되었던 방식을 매년 평가하고 보완하여 학생들에게 좀 더 친숙하고 효과적으로 다가갈 방법을 고민하고 있다. 토론, 발표 위주의 교육에서 몰입도나 즐거움이 떨어질 수 있다는 한계를 보완하고, 미디어 표현 활동에 관심이 적은 학생들이 주도적으로 활동할 수 있도록 동기부여를 하기 위함이다. 4년이라는 짧지 않은 기간 동안 민주시민 미디어교육 현장을 다양하게 운영해본 경험이 축적되어 좀 더 많은 학생들에게 적합한 교육 방법을 시도할 수 있는 토대가 만들어졌다.

　　연곡초등학교 교육에 강사로 참여한 유민아 씨는 내일협동조합 강사들이 진행한 생태 주제의 수업 현장의 이야기를 전해주었다.

　　"연곡초등학교에 역사 깊은 나무가 있는데, 아주 오래전 학교와 학부모, 그리고 학생들이 모두 힘을 합쳐서 심고 기른 나무라고 하더라구요. 지금 학교에 다니는 아이들은 그 이야기를 전혀 모르고 있었어요. 본인들이 다니는 학교에 있는 나무의 역사 이야기를 해주고, 그것을 보호하는 것의 의미와 방법을 알려주니까 아이들이 자세가 달라지더라구요. 눈이 반짝반짝해져서 이야기를 듣는 모습에서 아이들 눈에 이제는 학교 안에 있는 나무 한 그루가 그냥 나무가 아니겠구나, 역사를 알고 나니 다르게 보이겠구나... 하는 생각이 들었어요." (유민아)

아이들에 의해, 아이들을 위해, 아이들과 함께 만든 '기역 니은 영화제'

2022년 민주시민 미디어교육에서 강릉센터가 집중했던 것은 '학생 참여와 표현'이다. 이전까지는 민주시민 미디어교육에 참여한 학교들이 모여 결과물을 공유하는 방식으로 진행되었던 것이 '영화제'라는 큰 행사로 처음 기획되었다. 모든 수업에서 영화제를 위한 상영회 준비를 포함했고, 과정 과정마다 학생들의 의견이 반드시 반영될 수 있도록 했다.

보통의 교육 사업들에서 발표회는 형식적으로 진행되는 경우가 많고, 학생에게는 의무적으로 참석하는 행사처럼 여겨져서 발표회 자체에 회의적인 목소리도 있었다고 한다. 그러나 여러 차례 진행된 기획 회의를 통해서 발표회 자체의 문제라기보다 어른들의 방식으로 성과를 자랑하기 위한 행사를 만드는 접근 방식의 문제라는 것에 운영진과 강사진들이 공감했고, 학생들이 주체가 되는 상영회를 만들어 보자는 공동의 목표가 설정될 수 있었다. 그 목표가 제대로 실현되었다는 증거로 이 영화제에는 학교, 교육청, 미디어센터 등을 대표하는 어른들의 인사말이 없었다고 한다.

"아이들이 하고 싶어 하지 않는 것을 왜 굳이 하려고 하느냐, 이거 어른들을 위한 잔치가 아니냐는 이야기가 있었죠. 저도 너무 공감되는 말이어서 그 상영회를 어른이 만드는 게 아니고 '학생들이 스스로를 위해 하면 좋겠다'라는 생각이 들었어요. 수업에 참여한 모두가 함께 주체적으로 참여하는 게 목표가 되었고, 학생들에게 수업 초기부터 상영회 개최 여부에 관하여 의견부터 물어보겠다는 강사분도 있었어요. 그래서 아이들에게 사전 설문도 받고, 영화제의 의미에 관해서도 이야기해보고 상영회 진행 방법에 대한 아이디어도 나누고, 하기 싫다고 한 학생들은 설득하는 과정도 거치게 된 것 같아요." (이한솔)

이한솔 씨는 민주시민 미디어교육 담당자로서 사업을 수행하며 느낀 가장 보람된 순간은 '기역 니은 어린이·청소년 영화제'(이하 영화제)가 진행된 것이라 말한다. 행사명은 한글의 시작인 '기역'과 '니은'에서 가져왔다. '시작 그리고 그다음'을 의미하기도 한다. 이 행사명은 한 때 아이들 사이에서 유행했던 밈(meme)인 기역 니은 댄스가 연상되기도 해서 유독 아이들이 좋아하는 이름이기도 했다.

또한 이한솔 씨는 연말에 열리는 영화제를 위해 민주시민 미디어교육을 진행하는 것이라고 해도 될 만큼 아이들이 기쁘게 영

화제를 즐기는 것을 볼 때 기획자로서 가장 큰 뿌듯함을 느낀다
고 했다.

"저는 사실 영화제의 구성을 어른들이 싫어하고 아이들은 환
장하는 공간으로 만들고 싶었어요. (중략) 만들어 놓은 공간에
대해 별다른 안내가 없어도 아이들이 잘 이해하고 충분히 즐
겨줄 수 있을까 생각했는데, 제가 잠깐 자리를 비웠다가 돌아
왔는데 제가 생각했던 모습대로 아이들이 잘 놀고 있더라고요.
그때 너무 뿌듯했죠. 영화제 부대행사로 강릉에서 접하기 쉽지
않은 체험 활동을 위주로 재밌는 것을 많이 했거든요." (이한
솔)

이렇게 영화제에서는 학급별 상영회와 감독과의 대화, 그리
고 폴리아트(소리를 직접 만들어서 녹음하는 작업), 보이는 라디
오, 크로마키 체험 등의 부대행사를 함께 진행했다. 또한 강의실
과 홀을 이용해 공기놀이나 포토 부스를 자유롭게 이용하고 쉬거
나 놀 수 있도록 했다. 준비부터 실행까지 아이들이 촘촘하게 참
여한 '기역 니은 영화제'는 내년이 기다려지는, 모두가 즐겁고 재
미났던 행사로 기억될 것이다.

함께 더 성장하고 나아가는 교육을 위하여

　강릉센터 민주시민 미디어교육 4년간의 성과는 무엇일까? 첫 번째 성과는 여러 해에 걸쳐 교육이 진행되면서 지역사회, 특히 학교에 민주시민 미디어교육이 무엇인지 알려지고 있다는 것, 두 번째는 현장에 있는 미디어교육자들과 '민주시민 미디어교육'에 대해 함께 연구하고 성장할 기회가 주어진 것, 세 번째는 수업에 참여한 학생들이 민주시민 미디어교육을 통해서 자신의 생각과 행동을 변화시킬 수 있는 경험을 가지게 된 것이다. 이런 성과가 외부로 드러나고 알려지기까지 강릉센터 실무자들의 노고와 강릉교육지원청의 전폭적인 지지와 지원, 그리고 어려운 현장 연구에 기꺼이 참여해준 미디어교육자들의 노력이 함께 했다. 양적인 성과보다는 질적인 성과가 모두에게 더 중요했기에 이룰 수 있었던 결과가 아닐까.

　마지막으로 민주시민 미디어교육에 대한 앞으로의 계획을 들어보았다. 이한솔 씨는 좀 더 학생들이 쉽게 접근할 수 있는 체험방식의 민주시민 미디어교육을 구상하고 있었다. 이를 위해 강링센터의 네트워크와 다양한 경험을 모으고, 강사, 활동가, 기획자 등과의 협업을 이끌어 낼 수 있는 연구 모임을 계획 중이다.

"23년에는 굳이 긴 회차로 진행되는 교육이 아니어도 체험 형식으로 민주시민 교육을 접할 기회를 만들 계획이 있어요. 더불어 매년 중요하게 생각하는 미디어교육자들과 체험형 민주시민 미디어교육에 관한 연구 모임을 해야 할 것 같습니다." (이한솔)

유민아 씨는 결과물이 꼭 나와야 하는 방식의 미디어 제작 교육이 아닌 참여자 간 소통과 과정, 방법에 더 집중할 수 있는 미디어교육 현장을 만들고 싶다고 말한다. 민주시민 미디어교육은 물론 청소년 교육에 전적으로 관심이 많아서 해보고 싶은 것이 너무 많다고.

"제가 예전에 했던 수업 중에 여성 청소년들만 대상으로 했던 포토에세이 제작 수업이 있었거든요. 여성 청소년들만이 해당 시기에 경험하거나 느끼는 사안들이 분명히 있어요. 특히 젠더 이슈의 경우, 참여자들이 같이 긴밀하게 이야기할 수 있는 선이 있는 것 같아요. 그때 만난 중학생 참여자들이 곧 월경을 시작하지만, 어떤 월경대를 써야 되는지, 월경대 외의 방법은 없는지, 이런 이야기들을 했었거든요. 성별, 연령대별로 특정 시기에 꼭 필요한 주제의 미디어교육이 있는 것 같아요. 그래서 저는 꼭 다시 한번 여성 청소년들과 미디어교육을 해보고 싶어요." (유민아)

인터뷰 사진 유민아 씨

　사회 운동 차원의 청소년 교육 활동에 관심이 많은 유민아 씨는 인터뷰 내내 '어른'이라는 말을 청소년 중심적 표현인 '비청소년'이라는 표현으로 바꾸어 사용했다. 장애인과 비장애인, 기혼자와 비혼자 등의 표현에는 익숙하지만 '비청소년'이라는 표현이 낯설게 느껴졌다. 이 단어가 낯설다는 것이 부끄러웠다. 필자도 청소년기였던 시절이 있었음에도, 그 당시 어른들에 비해 미숙한 존재로 치부되고 존중받지 못한다는 것에 분노했던 경험이 있었음에도, 그 시기를 지금 살아가고 있는 청소년들의 생각과 느낌에 대해 고민해본 적이 없다는 것이 부끄러웠다. 이런 맥락에서 민주시민 미디어교육은 학생들뿐만이 아니라 필자를 포함한 모든 세대에게 필요한 교육이 아닐까.

　강릉센터의 민주시민 미디어교육은 학교 교육이라는 틀을 가지고 있지만, 지역 공동체 안에서 함께 살아가는 사람들이 서로의 앎을 나누면서 함께 배우고 성장하는 진일보한 교육의 형태를 갖추고 있다. 이 교육을 모티브로 삼아 더 다양한 미디어교육이 지역 공동체의 일상 문화로 자리잡을 수 있다면 좋겠다. 더 많은 사람이 도란도란 함께 모여 미디어를 배우고, 연구하고, 고민하는 공간으로 미디어센터가 더 북적일 수 있다면 좋겠다.

영상으로 담는 인생, 한 세대의 감수성을 그리다

배움이 곧 활력이 되는
어른 영상 제작 동아리

익산공공영상미디어센터 노인미디어교육

제4장

영상으로 담는 인생,
한 세대의 감수성을 그리다.

배움이 곧 활력이 되는 어른 영상 제작 동아리

인터뷰   조현지 (익산공공영상미디어센터 미디어교육팀)

　세계적으로 유명한 시니어 유튜버, 박막례 할머니는 본인 방송 구독자들을 '내 편'이라고 부른다. 처음엔 '팬'이라는 말을 '편'으로 발음하셔서 그런 호칭이 생긴 것이지만, 어르신만이 선보일 수 있는 입에 착 붙는 말맛 때문에 '내 편'은 박막례 할머니와 구독자들만의 애칭으로 정착했다. 미디어센터 입장에서 '내 편'이라고 할 수 있는 존재가 있다면 얼마나 든든할까. 익산공공영상미디어센터(이하 익산센터)에는 15년간 한결같은 애정으로 센터와 함께해 온 '내 편'이 있다. 바로 어른영상제작동아리 '재미동'이다. 10년이면 강산도 변한다는데, 어떻게 이렇게 오랜 시간 활동을 지속할 수 있었는지, 익산센터와 재미동의 역사가 궁금해졌다.

우리는 15년째 익산센터 편이야

익산센터가 문을 연 지 올해로 15년, 어른영상제작동아리 재미동은 익산센터의 명칭인 '재미'의 명칭을 따와 만들어진 첫 번째 동아리이다. 활동에 참여하신 어르신들이 '노인'보다는 '어른'이라는 표현을 쓰는 것이 좋겠다고 제안하여 '어른'영상제작동아리가 되었다고 한다. 지난 15년 간 여러 동아리가 생겨났지만 현재까지 활동이 이어지고 있는 동아리는 많지 않다. 센터에서 아무리 적극적인 지원을 한다 해도 자발적으로 모임을 지속해 나가는 것은 어려운 일이다. 재미동은 코로나19라는 재난 상황에서도 중단되지 않고 현재까지 자발적으로 영상 제작 활동을 이어오고 있다.

초창기부터 가장 적극적인 익산센터 이용자 그룹인 재미동은 미디어센터와 오랜 세월을 공유하며 서로에 대한 지지를 기반으로 함께 성장해 온 동반자라고 할 수 있다. 익산센터 직원들은 연초가 되면 연례행사처럼 재미동 어르신들과 식사를 함께 하며 인사를 나누고, 재미동 어르신들도 때 되면 센터 직원들과 같이 밥 한 끼 먹자고 먼저 챙겨주기도 하는, 그러니까 한솥밥을 먹는 한 식구와도 같은 관계랄까. 말 그대로 재미동은 익산센터에 가족과도 같은 '내 편'인 셈이다.

재미동은 익산센터 개관 첫해부터 시작한 '어른 영상제작자 양성 기초교육'에서 출발했다. 이 교육은 처음부터 익산 지역 내에서 영상 제작을 꾸준히 할 수 있는 어르신 시민 영상 제작자 그룹을 만들기 위한 과정으로 설계되었다. 첫 교육이 끝난 뒤, 익산센터 기획자들이 적극적으로 동아리를 조직했고, 바로 후속 교육도 진행했다. 기초 교육이 영상 제작 전반에 대한 것을 배우는 과정이었다면, 후속 교육은 미디어센터에 구축된 영상 스튜디오를 활용해서 뉴스 형태의 영상물 제작을 해보는 과정이었다.

익산센터에서는 매년 '어른 영상제작자 양성 기초교육'을 꾸준히 진행하였고, 교육을 수료하신 분들에게 재미동 활동을 연계했다. 그래서 재미동은 1기, 2기, 3기... 해를 더해가며 더 활발한 활동을 이어갈 수 있었다.

"당시만 해도 미디어센터라는 기관이 지역에서 워낙 생소했고, 일반 시민, 특히 노인이 당사자의 이야기를 영상으로 만드는 것은 상당히 드문 일이었어요. 그런 시대다 보니까 어르신들이 이 활동(재미동)을 하는 거에 대해서 되게 자부심들이 있으셨죠. 이게 재미동 1기 어르신 대부분이 3년 이상 꽤 오래 활동할 수 있었던 원동력이기도 했어요." (조현지)

인터뷰 사진 조현지 씨

초창기 재미동에서 만들었던 것은 '할매하나씨 세상'이라는 뉴스 영상이었다. 뉴스를 만들려면 MC와 리포터, 카메라, 방송 코너별 영상취재, 편집 등 다양한 역할이 필요했고 그 역할을 스튜디오에서 익히고 서로 손발을 맞춰가는 과정에서 활동에 참여한 분들이 즐거움을 느꼈다. '할매하나씨 세상'이 처음 만들어질 때만 해도 미디어센터의 존재나 시니어 당사자가 제작한 시민영상제작물 등이 워낙 생소하고 대단하다고 여겨지던 시대다 보니 참여자들의 자부심이 남달랐다. 재미동의 뉴스 영상은 지역 방송에 방영되면서 화제가 되었다. 3개월에 한 번 재미동이 제작한 방송 대부분이 전파를 타고 퍼블릭액세스[1] 되었으며, 한동안 익산 지역에서 재미동은 모두의 자랑거리였다.

지역에서 유명세를 타며 재미동 어르신들은 지역 행사나 동네잔치를 영상으로 찍어서 CD로 나누어주기도 했다. 리포터 역할을 맡았던 김선묵 어르신은 "방송에서 계속 재방송을 해주니까 하루에 몇 번씩 TV에 얼굴이 나온다, 많은 사람이 알아봐 주고 노년을 즐겁고 활기차게 사는 모습을 보면서 좋아해 준다."며 미디어센터에서 지원하는 재미동 활동의 의미를 지역 언론 인터뷰를 통해 이야기하기도 했다.(새전북신문, 2011) 재미동의 유명세를 확인할 수 있는 재미난 에피소드도 있다.

---

[1] 퍼블릭액세스(public access)란 다양한 사회구성원들의 자기 발언 확대를 위해 방송사에게 일정한 시간을 요구하고 이용하는 권리를 말함. 일반 대중이 방송을 통한 표현의 자유를 누리기 어렵게 된 상황에서 이들의 권리를 보장해 주기 위해 등장한 개념. 방송사에서는 의무적으로 퍼블릭액세스 방송을 편성하고, 일정한 시간 동안 시민영상물을 방영해야 함. 퍼블릭액세스 방송에서 방영된 작품은 제작자에게 일정한 수준의 방영료를 지불함.

"지역 아침 방송에 재미동 어르신들이 출연하셨던 적이 있어요. 마침 그 방송을 보신 어떤 어르신이 센터로 연락해서 동창을 찾고 싶다고 이야기를 하시더라구요. 내 옛날 초등학교 동창이 방송에 나오는데, 미디어센터에서 동아리 활동을 한다고 해서 연락처를 알고 싶어서 전화했다고 말씀하셔서 연결해드린 적이 있어요. 한 50~60년 만에 동창을 미디어센터를 통해서 만나신 거죠." (조현지)

뉴스를 정기적으로 방송국에 보내기로 하면서 익산센터 기획자는 재미동에 단순히 필요한 교육을 기획하고 지원하는 수준이 아니라 때로는 재미동의 프로듀서, 때로는 편집자가 되었다. 기획부터 제작까지 재미동을 담당한 기획자가 전담 멘토가 되어 동아리에서 활동하는 어른들 개개인의 성장을 위해 개별적인 도움을 주었다. 이런 노력을 통해 재미동 전체의 미디어 역량을 단기간에 높일 수 있었고, 어른들 스스로 영상 제작이 가능할 수 있도록 했다.

영상 제작 역량이 높아지면서 재미동 참여자들은 새로운 것에 도전해 볼 용기도 얻었다. 2011년부터 영화 제작을 시작하면서 공동으로 영상을 작업하는 것에 대해 새로운 경험을 하게 된다. 함께 만든 첫 영화인 <춘몽(春夢)>이 제3회 서울노인영화제 경쟁 부문에 올랐고, 이듬해인 2012년 조완식 어르신을 필두로 제작한 <인간의 색깔>은 동일 영화제에서 우수상을 받기도 했다. 이것은 재미동 활동을 통해서 다년간 손발을 맞추며 공동 작업을 해 온, 그간의 경험들이 영화에 고스란히 녹아든 성과였다.

뉴스영상 <할매 하나씨 세상> 스틸컷　　　　영화 <인간의 색깔> 스틸컷

　　익산센터의 든든한 지원을 바탕으로 다양한 활동을 하며 준전문 시민제작단으로 성장한 재미동은 익산센터의 자랑이자, 얼굴이기도 하다. <한국영상문화제전>과 같은 전국단위 행사에서 재미동 어르신들은 익산센터 시민제작자로서의 째내기(자랑스럽게 뽐내는 모양새, 전라도 사투리)를 톡톡히 보여주곤 했다.

　　"외부적으로 나가서 함께 하는 활동에서 그래도 제일 신나게 진심으로 해주시는 분들이 재미동 어르신들인 것 같아요. 예전에 했던 한국영상문화제전에서 시민 제작자들이 다 모였을 때 그래도 한 차로 같이 가자, 이러시면서 머릿수 채워서 같이 가 주시고... 이럴 땐 그래도 어르신들밖에 없네, 우리 낯내주는 데 이렇게 힘써 주시는 분들은 이분들밖에 없네 하죠." (조현지)

　　20여 명이나 되는 인원이 한뜻으로 에너지를 모아 먼 타지로 함께 가자는 결정을 한다는 것도 어려운 일이고, 많은 사람이 모여 있는 낯선 자리에서 익산센터를 입을 모아 칭찬하고 시민 제작자로서의 재미동에 대한 자부심을 표현하는 것은 '내 편'이기에 할 수 있는 일이다.

서로를 향한 오랜 응원이 활력이 되다

익산센터가 지금까지 긴 시간 동안 재미동의 성장을 위해 지원한 것은 지속적으로 익산 지역에서 미디어 활동을 할 수 있는 토대를 만드는 것이 미디어센터의 가장 중요한 역할이기 때문이었다. 미디어와 관련된 인프라가 많지 않은 수도권 외 지역에서는 주민들이 미디어 활동을 시작할 때, 미디어에 접근하거나 기술적인 것을 배우거나 궁금한 것에 대해 도움을 받을 수 있는 대표적인 미디어 지원 기관이 미디어센터. 최근에는 정부에서 지원하는 디지털 배움터나 평생교육기관에서 운영하는 미디어 관련 강좌들이 많아졌지만, 변화하는 미디어 환경과 새로운 미디어 기술에 대한 대중적 교육, 저렴하고 손쉬운 미디어 장비 대여, 공동체미디어 제작 지원, 미디어동아리 활동 지원 등 시민미디어 활동을 포괄적으로 지원하는 곳은 여전히 미디어센터가 유일하다.

특히 어르신들은 은퇴 후 문화 활동이나 취미 생활을 필요로 하는 분들의 비율이 높고, 일생을 보내온 지역에 오랜 기간 거주하신 분들이 많아서 지역의 역사, 문화 등에 대한 경험과 정보가 가장 많은 분들이다. 다만 미디어는 곧 방송이나 신문과 같이 전문가들이 만드는 것이라는 인식이 강한 세대여서 미디어 활동을 다소 어렵게 생각하는 경향이 있다. 그러나 미디어센터가 미디어를 쉽게 경험할 수 있도록 하여 미디어에 대한 마음의 장벽을 낮출 수 있다면, 어르신들은 어떤 그룹보다 센터를 가장 잘 이용하실 수 있는 분들이다. 미디어 활동을 하는데 필요한 여건은 미디어센터가 모두 갖추고 있으므로, 시간과 의지를 가지고 지속적으로 참여할 수 있는 친밀한 모임이 있다면 어르신들은 꾸준하게 미디어 활동이 가능한 것이다. 익산센터는 초창기부터 이런 어르신 그룹의 잠재력을 잘 이해하고 있었고, 재미동의 지속적이고 활발한 활동은 결국 익산센터의 시민 미디어 활동 성과로 돌아왔다.

> "(센터 개관) 초창기에는 지역 이용자 중에서 큰 비중이 어르신에 있었어요. 어르신들이 또 지역 안에서 일정 수준 이상의 영향력을 행사하며 자발적으로 미디어센터를 알리는 역할을 해줄 수 있는 분들이기도 하셨기 때문에 어르신 미디어 활동을 독려하고 지원했던 것 같아요. 나중에는 재미동 어르신들이 이 활동을 지속하고자 하는 욕구가 커지면서 계속 지원해야 하는 당위성까지 생기게 된 거죠." (조현지)

아무리 친밀한 관계라 해도 서로의 성장을 지지하고 조력하면서 같이 나아가기란 쉽지 않은 일이다. 익산센터와 재미동, 그 오랜 기간 동안 함께 성장할 수 있었던 원동력은 무엇이었을까? 재미동에 계속 함께 할 거리를 찾아 활동을 독려해 온 익산센터, 안정적이고 꾸준한 미디어 활동 지원을 통해 삶의 활력을 찾고 그 활력을 지역에 환원하면서 익산센터의 자랑이 된 재미동 어르신. 이들 관계가 이렇게 오랫동안 돈독할 수 있었던 비결은 어디에 있을까.

　자발적으로 운영되는 동아리에서 가장 중요한 것은 그룹 안에서 열심히 하는 분들이 동력을 잃지 않는 것이다. 익산센터 조현지 팀장은 동아리가 결성된 초창기에 정말 열심히 활동했던 분들덕분이라고, 그 힘으로 동아리가 지금까지 올 수 있었던 것 같다고 말한다. 재미동은 새로운 인원이 유입되는 시기나 중요한 전환의 시기에 항상 다른 분들보다 더 열심히 했던 분들이 있었고, 또 오랫동안 함께 해 온 분들이 그분들을 지지하며 잘 따라주셨다고. 그렇게 각자 나름대로 열심히, 또 한 편 재미있게 활동하시는 것이 기획자에게도 지속적으로 지원할 수 있는 힘이 되었다고 한다.

　"특히 1기 총무를 맡아주셨던 김명수 어르신의 공이 컸죠. 동아리 활동 함께 하자고 다른 분들도 모으고, 이렇게 적극적으로 해주신 분들과 재미있었던 기억들이 많으니까 그 힘으로 가는 것 같기도 해요. (중략) 그리고 뉴스 제작이 버거워질 무렵, 조완식 어르신이 영화를 해보고 싶다고 먼저 제안해 주셨어요. 그 덕에 또 함께 영화를 만들 수 있었던 거예요. 동아리 활동에 소원해졌던 분들에게 이거라도 한 번 해보자, 재미있겠다, 하고 설득해주시고. 관심 있는 어르신들이 같이 해보시고

는 생각보다 재미있네, 출연하니까 재미있네, 이러면서 또 다른 기회를 만들어 가신 것 같아요." (조현지)

1기 김영숙, 김경순 어르신은 재미동 초창기부터 지금까지 계속 성실하게 참여하고 있다. 장장 15년간 익산센터와 꾸준히 인연을 다져온 셈이다. 뉴스를 만들 때도, 영상 편집 프로그램을 배울 때에도 언제나 성실하셨지만 이분들의 재능이 탁월하게 빛났던 것은 영화 작업을 할 때였다. 영화 주인공으로 중요한 배역을 맡아 배우로 활동한 경험이 '나 영상 작업하는 사람이야'라는 정체성을 가지게 된 중요한 계기가 되었다.

"어르신들이 이 활동이 노년에 좋은 활력이 된다고 말씀을 많이 하세요. 이웃과 친구를 함께 데려와서 활동하는 경우도 많고요. 사람이 나이가 들면 사실 소속이 없어지는 거잖아요. 10개였던 소속이 한 두 개로 줄어드는 것이고, 그마저도 없어지는 건데 재미동이 그 소속감을 만들어드리는 것 같아요. 어르신들 입장에서는 내가 여기서 뭔가 대단한 것을 하지는 않지만 계속 나갈 수 있다는 것 자체가 큰 원동력인 것 같아요." (조현지)

영화제작 경험 이후 재미동은 지역을 소재로 한 다큐멘터리 제작 경험도 쌓고, 지역 축제를 기록하는 활동도 하면서 멤버들이 각자의 관심과 재능에 맞게 여러 갈래 활동들을 다양하게 시도하였다. 최근 5년을 전후로 재미동은 활동의 범위를 익산 전역으로 넓히며 지역의 역사나 문화를 기록하고 정기적으로 영상편집을 익히는 활동을 주로 하고 있다.

상대적으로 빠르게 고령화되는 추세인 수도권 외 지역에서는 50대 이상의 이용자 그룹에서 교육이나 동아리 활동으로 미디어센터를 자발적으로 이용하는 경우가 점점 늘어나고 있다. 익산센터 재미동 어르신들의 사례를 들으니 2016년에 전국미디어센터협의회에서 진행한 <미디어센터 사회적효과 지표개발 연구>에서 미디어센터를 적극적으로 이용하는 그룹에서 확인된 사회적효과가 떠올랐다. 미디어 활동으로 일상의 활력이 증가하고, 정기적인 여가 활동을 통해 신체 움직임이 늘어나 건강이 좋아지는 경우도 있었으며, 미디어를 배우는 과정에서 일련의 성취감을 느끼게 되면서 자존감이 상승하기도 하고, 미디어 제작을 통해 자신의 주변과 일상에 대해 생각할 기회를 얻게 되면서 삶에 대한 기대가 상승하는 경우도 있었다.

위의 연구에 근거하여 익산센터 재미동 어르신들의 사회적효과를 생각해보면, 오랜 동아리 활동을 통해 일상 활력이 늘어나고 삶에 대한 기대가 상승한 사례라 볼 수 있다. 또한 이전까지는 경험하지 못한 미디어 활동을 통해 새로운 재능을 발견한 것과 학습이나 자기 성장을 거듭하며 좀 더 높은 성취에 관심을 두는 등 건강, 문화 범주의 지표가 어르신 그룹에서 긍정적으로 작용할 수 있음을 확인할 수 있었다.

인생의 결이 살아 있는 이야기를 영상에 담다

익산센터에서 진행하는 영상 제작 교육의 가장 큰 특징은 참여자들의 이야기를 바탕으로 한다는 점이다. 요즘 유행하는 유튜브 영상 제작 교육처럼 짧게 만들어서 업로드하고 화제 몰이를 하기 위한 것을 목적으로 하지 않다 보니 재미동에 새로 유입되는 신규 회원이 예전만큼 많지는 않다.

지역 내 욕구를 반영하여 스마트폰을 활용한 유튜브 영상 제작 수업을 진행해 보았지만, 서사가 있었던 이전의 영화나 다큐멘터리와는 제작 방식이 달라서 영상 작업 자체가 너무 개인화되었고, 그러다 보니 참여자 간 관계를 만들어 가기도 어려웠다.

"유튜브 수업을 저희가 2년간 진행해 봤지만, 참여자 만족도는 높은데 한계는 분명히 있다고 개인적으로는 생각하고 있어요. 브이로그나 일상 이야기도 좋은데 너무 가벼운 거죠. 사실 저는 지역에서 살아가는 사람의 이야기가 어떤 형태로든 계속 만들어지고 소통되어야 한다고 생각하는데 그게 진입이 안 되는 것 같아요." (조현지)

그럼에도 불구하고, 익산센터는 재미동과 함께 새로운 활동을 꾸려갈 계획을 세워두고 있다. 미디어 환경이 달라지면서 바뀐 부분들도 있고, 재미동 어르신들의 활동 방향도 예전과는 달라졌지만 그러기에 더욱 미디어센터에서만 할 수 있는 작업을 해보고 싶다는 조현지 팀장의 이야기를 들어보았다.

"예전에 어른 영상 제작자 양성과정 기초 수업이 진행되던 때였는데 저도 보조로 수업에 들어갔었던 경험이 있어요. 여러 가지 소재 중에서 하나를 정해야 하는데 여태까지 가장 신나게 하셨던 이야기 말고 갑자기 다른 이야기를 만든다는 분이 계셔서 엄청 설득을 했어요. 재미나게 하셨던 이야기의 소재가 가족 몰래 만들어 둔 비자금에 대한 것이었거든요. 결국 그 소

재로 영상 제작을 하셨는데 완성 후 주변에서 반응이 굉장히 뜨거웠어요. 그 영상 하나로 노인의 경제 문제, 가족 간의 관계, 노년의 부부 이야기 등 사적이면서도 누구나 공감할 수 있는 이야기들이 두루 나와서 많은 사람의 공감을 얻어낼 수 있었던 것 같아요. 개인의 서사이자 한 세월을 살아온 세대의 이야기이기도 한 거죠." (조현지)

보통 어르신이 제작하는 영상들은 어르신들 내면의 많은 검열을 거치고 만들어진다. 인생에서 거쳐온 다사다난한 과정만큼이나 어르신들의 영상 제작 과정은 조심스러움도, 두려움도 크다. 지금까지 익산센터가 그래왔던 것처럼 영상 작업을 통해 진솔한 자기 이야기를 할 수 있는 기회를 만드는 것, 지역에서 잘 들리지 않는 사람들의 이야기가 미디어를 통해 소통될 수 있는 환경을 만드는 것, 그것이 미디어센터만이 할 수 있는 역할이 아니겠는가.

앞으로도 익산센터는 시민 당사자가 자신의 서사에 집중해서 더욱 가치 있는 하나의 작품으로서 영상 작업을 경험할 수 있는 교육을 만들 계획이라고 한다. 그 계획의 일환으로 어르신 대상의 기초 교육을 영상 자서전으로 진행하고, 이후 재미동에서 현재 기획 중인 다큐 수업을 후속 활동으로 지원하는 방식을 구상하고 있다.

"뭔가 매무새를 잘 만드는 것보다 스토리 구성에 대한 고민이 필요한 것 같아요. 정말 어르신들의 고민이나 일상에서 세밀하게 발견할 수 있는 것들에 중심을 가질 필요가 있겠다고 생각해요. 대단한 이야기일 필요도 없고, 인문학적인 구성을 할 필요도 없어요. 제가 개인적으로 힘을 받는 이야기들은 사소하지만 진솔하고 공감되는 주변의 이야기였던 것 같아요." (조현지)

조현지 팀장은 재미동 안에서는 지금도 영상 작업을 위한 기획이 한창이지만, 진행하던 것에 더해 이전과는 다른 방식의 영상 작업도 시도될 필요가 있다는 이야기도 덧붙였다. 특히 재미동 어르신들의 영상에 대한 안목이 높아진 만큼 제작 작업에서도 좋은 이야기를 발굴해서 콘텐츠에 좀 더 힘을 싣기 위한 활동 방향을 고민하고 있다.

미디어교육 현장에서 기획자들이 가장 많이 하는 고민은 우선순위에 대한 것이다. 시류에 발맞춰 더 빨라지는 미디어 기술이 다수의 시민에게 대중적으로 보편화될 수 있도록 할 것인가, 대안적 미디어 활동으로써 시민미디어 육성 차원에서 미디어에 접근하고 표현하기 어려운 계층에게 미디어교육을 우선 제공할 것인가가 고민의 핵심이다. 익산센터는 전해지는 효과가 느리더라도, 최신 교육 트렌드에서 도태된다는 이야기를 듣더라도 후자가 더 중요하다고 말한다. 유난히도 빠르게 새것이 오래된 것을 대체해버리는 이 땅에서 누군가는 해야 하는 용기 있는 선택이라고 응원해주고 싶다. 그리고 그 선택은 재미동 어르신들의 오랜 지지와 응원이 있기에 가능했다는 점도 꼭 함께 자랑해주고 싶다. 동시대 미디어교육 현장에 몸담은 1인으로서 익산센터의 지역 미디어 활동 방향에 공감하며, 한 번도 만난 적은 없지만 재미동 어르신들께 당신들의 작품을 기다리는 사람들이 있다는 것을

꼭 알려드리고 싶다. "어르신들께서 영상에 담아주시는 소소한
삶의 이야기가 곧 지역의 역사이자 시대의 문화입니다."라고.

꾸준함의 저력,
최장수 지역
라디오 방송을 꿈꾸다

시민이 만드는 방송
서천FM의 시작
공동체 라디오교육

서천군미디어문화센터 의용소방대 라디오교육

제5장

꾸준함의 저력, 최장수 지역 라디오 방송을 꿈꾸다

시민이 만드는 방송 서천FM의 시작, 공동체 라디오교육

인터뷰　정소안 (서천군미디어문화센터 미디어문화팀)
남성자, 박미순, 주영민 (서천군 의용소방대원,
시민 라디오방송 '떴다! 의소대' 진행자)

　운전할 때는 라디오가 좋다. 시선을 빼앗기지 않으면서 즐거울 수 있기 때문이다. 꼭 나한테만 말하듯이 들리는 진행자의 목소리와, 어쩐지 내 이야기 같은 낯선 이의 사연, 누군가의 신청곡 덕에 오랜만에 듣게 되는 옛날 노래. 서천FM '떴다! 의소대'의 방송을 들으며, 곧 마주하게 될 명랑한 목소리의 주인공들에 대한 기대감이 높아진다.

　서천군미디어문화센터(이하 서천센터)에서는 공동체 라디오 제작 교육이 일상적으로 이루어진다. 벌써 개관 10주년을 맞은 서천센터는 '공동체 라디오 활성화'를 기조로 만들어진 미디어센터이다. 그래서 서천센터 건물 1층은 시민들이 쉽게 접근할 수 있도록 미디어 제작 스튜디오로 조성되어 있고, 타 센터보다 라디오 제작 공간의 비중이 높다. 지난 3년간, 코로나19를 겪으면서 활발했던 미디어 동아리 활동이 줄어들기는 했지만, 여전히 서천센터가 운영하는 서천FM은 활기차게 운영되고 있다.

서천FM은 온라인 플랫폼 팟빵을 통해 업로드되는 서천 지역 시민 라디오 채널이다. 대부분의 방송이 서천센터에서 공동체 라디오 제작 교육을 이수한 시민 동아리들에 의해 만들어진다. 오랫동안 시민미디어제작 동아리를 육성하고 지원하면서 서천FM을 꾸준히 운영해 온 덕에 서천센터는 라디오 분야에서 활발하게 활동하는 동아리가 많은 센터이기도 하다.

'떴다! 의소대', 전국 유일의 소방 안전 분야 라디오 방송

2014년 서천센터가 개관하면서 서천소방서와 체결한 업무 협약을 바탕으로 이듬해인 2015년, 서천 지역 의용소방대원을 대상으로 공동체 라디오 제작 교육이 만들어졌다. 의용소방대는 전국 각 지역 관할별로 구성된 민간 봉사단체로, 화재 진압이나 구조, 구급 등의 소방업무를 수행한다. 서천의 경우 면이나 읍 단위로 구성되어 있으며, 여성대와 남성대로 운영된다. 만약 어떤 지역에 화재가 일어나면 해당 지역 소방서에서 출동하고, 의용소방대원들도 함께 출동해서 보조하는 업무를 하게 된다. 코로나19가 한참 심각했던 때에는 마을별 방역 활동도 소방대원들과 함께 진행했다. 의용소방대원들은 심폐소생술도 배우고 생활 안전 교육도 받으면서 민간 영역에서 할 수 있는 소방·안전 활동을 진행한다. 서천 지역에는 의용소방대원 700여 명이 활동하고 있다고 한다.

올해로 9년 차, 그간 방송을 단 한 번도 빠지지 않고 진행해왔다는 '떴다! 의소대'의 시민 제작자 세 사람은 15년 이상 의용소방대 활동을 해왔다. 본업은 따로 두고, 의용소방대 활동의 일환으로 라디오를 제작하고 있다. 서천FM 최장수 방송진행자 남성자, 박미순, 주영민 씨에게 라디오 동아리에 참여하게 된 계기를 물어보았다.

처음에 라디오 제작 교육이 진행될 당시에는 자발적으로 신청한 사람이 별로 없다 보니 당시 모집 역할을 맡았던 사람이 참여하게 된 경우, 동료가 목소리가 좋다고 대신 신청 해 놓은 경우 등 신청의 이유는 다양했다. 라디오 교육과정과 동아리 활동 자체가 의용소방대 활동 시간의 일부로 인정되면서 의용소방대 활동에 성실했던 세 사람에게 방송에 대한 책임감도 생겼다고 한다.

"우리는 그냥 취미로 하는 그런 단체가 아니고, 의용소방대원이잖아요. 이렇게 라디오를 만드는 것이 의용소방대 활동 중의 하나예요. 그래서 우리 방송에 소방서 관련 내용이 많아요. 처음에는 오직 소방 관련 내용만 하다가 소재도 그렇고 너무 딱딱하고 그래서 지금은 별도로 수다 같은 다른 코너도 넣었죠." (박미순)

인터뷰 사진 (좌측부터) 박미순 씨, 남성자 씨, 주영민 씨, 정소안 씨

주영민 씨는 라디오 방송이라는 말에 어렵겠다고 생각했지만, 방송에 대한 로망이 있어서 계속해 볼 마음이 생겼다고 했다. 첫 녹음의 기억을 잊을 수 없다면서 라디오 스튜디오에서 경험했던 이야기를 들려주었다.

> "맨 처음 여기 교육받으러 왔을 때 이 헤드셋을 끼고 음악을 들었어요. 이렇게 조용필의 그 겨울 찻집인가... 그 음악을 들었던 게 첫 방송 때였는데, 그때 바깥에 눈이 내렸어요. 그때 음악을 듣던 그 감동이 지금도 느껴져요." (주영민)

총 10주간의 기초 라디오 제작 교육이 끝나고 동아리 활동을 계속하겠다는 용기를 낼 수 있었던 것은 정소안 팀장의 힘이었다. 대본을 다 써주겠다, 참여만 해라, 코너 기획도 함께 하자, 하는 설득에 '그럼 한 번 해볼까?' 하는 마음이 생긴 것이다.

처음 교육 시작할 때 8명이었던 인원은 교육 실습으로 방송을 진행할 즈음에는 5명으로 줄었다. 그 후 교육이 끝나고 동아리가 구성될 때 지금의 멤버 3명만 남게 되었다. 이렇게 3명의 여성 의용소방대원이 모여 만드는 라디오 방송 '떴다! 의소대'는 2015년 4월 첫 방송을 시작했다. 이 방송은 서천 지역에서 발생한 소방 관련 사고 소식부터 소방서 내의 소식을 전하는 '의용소방대 늬우스'와 소방 관련 인물을 모시고 인터뷰하는 '안녕하세요 119입니다', 그리고 일상생활의 수다를 나누는 '떴다! 줌마방'의 총 3개의 코너로 진행된다.

코로나19 시기를 겪으면서 2020년부터는 보다 많은 사람이 쉽게 방송에 접근할 수 있도록 영상 플랫폼을 활용하여 보이는 라디오 형태로 진행하고 있다. 전체 프로그램 기획과 대본 작성, 인터뷰 섭외와 같은 방송내용 준비는 세 명의 진행자가 역할을 나누어 준비하고 녹음과 오퍼레이팅, 녹음본 및 촬영본 편집, 콘텐츠 업로드 등은 서천센터에서 맡아 진행한다.

방송 진행이 익숙해질 무렵, 서천센터 직원에게 의지하고 있는 기술 영역에 대해 더 배워보고 싶어서 방송 장비와 음원 편집 심화 교육을 요청해서 지원받은 적도 있다.

"저희가 2019년에 교육을 신청했었어요. 미디어센터 직원이 편집을 다 해주니까 우리끼리 한 번 해보자, 미디어센터가 공간만 지원해주면 우리가 자체적으로 다 해보자 했었죠. 근데 우리가 기계 만지는 게 서툴잖아요. 아직도 못하고 있어요. 방송하면서 내내 하는 얘기가 그거예요. 언젠가 저거는 꼭 배워야 하겠다." (남성자)

"누구나, 언제나, 최대한"
적극적인 시민 미디어 활동 지원

이렇게 미디어센터가 운영하는 제작 중심의 미디어교육 현장
에서 참여자들의 모임이 동아리 활동으로 이어지기 위해서는 다
양한 지원이 필요하다. 동아리의 결성을 위해 기획자가 후속 교
육으로 연계하거나 센터가 보유하고 있는 공간, 장비 등을 지속
해 사용할 수 있도록 현물을 지원하기도 한다.

**"저희는 소도시에 위치한 다른 센터에 비해 공간이 큰 편이에
요. 그러다 보니 기본적으로 주민들이 콘텐츠를 제작하고 싶다
고 말씀하시면 공간과 장비 대여는 항상 무료로 지원해드리고
있어요. 예산이 들어가야 하는 경우, 소규모 활동에도 원하는
것이 분명하시면 맞춤형 교육으로 만들 수도 있고, 멘토링이
진행될 수도 있겠죠. 이 두 가지 범위 안에서 저희가 최대한 동
아리 활동을 지원하고 있어요." (정소안)**

특히 라디오는 시민들이 가장 가까이서 편하게 접할 수 있는
미디어이다. 주민들의 평균연령이 높은 지역일수록 미디어 접근
성이 낮고 문화 격차도 존재하는데, 라디오는 특히 높은 연령대
의 시민들에게 익숙하게 다가가기 때문에 영상 미디어에 비해 접
근이 쉽고 미디어 활동을 지속해 꾸려가기에 한결 수월하다. 정
소안 팀장은 서천센터에는 다양한 미디어교육이 있지만, 처음 미
디어를 접하는 시민들에게는 라디오교육이 가장 좋다고 덧붙였
다.

서천센터의 시민 미디어활동 지원 체계는 체험-교육-제작지원 이렇게 세 단계로 나눌 수 있다. 점차 시민들이 자발적인 활동을 할 수 있게끔 하는 것을 목표로 지역의 특색에 맞는 밀착형 사업으로 운영하고 있다. 미디어 활동의 실수요자인 서천 시민들이 원하는 것 위주로 필요한 활동을 되도록 즐겁게 할 수 있는 방향으로 프로그램을 기획하고 있다.

"체험 같은 경우도 코로나19가 터졌는데 여행을 못 가니까 주민들이 해외여행을 간접적으로 할 수 있게끔 랜선 세계 여행 체험을 만들게 된 것이죠. 단순히 미디어의 속도를 따라가거나 새로운 기술을 익히는 방식은 아니에요. 시민들이 미디어를 즐겁고 친숙하게 경험하는 것이 핵심이죠." (정소안)

서천센터는 시민 미디어 동아리 운영에서도 센터가 선도하기보다 끊임없이 관심을 가지고 들여다보려고 애썼다. 동아리마다 필요한 것이 다르니 적절한 시기에 그 필요를 채우기 위한 지원에 초점을 두었다. 필요 이상의 제안과 개입보다 적절한 수준의 '스킨십'이 중요하다고 강조한다. 미디어센터 담당자가 동아리 활동에 들어가서 함께 있지 않으면 시민들이 무엇을 원하는지 정확하게 알 수 없고, 활동의 방향성도 나오지 않을 수 있다. 정소안 팀장은 시민 미디어 활동 지원에 있어서 가장 중요한 센터의 역할에 대해 이렇게 말한다.

"미디어센터가 비전이라고 하는 것을 끊임없이 고민해야 해요. 동아리 활동하시는 분들이 계속 자기 역량을 쌓아가게끔 해야 하는 것 같아요. 그게 없으면 정체되는 것 같아요. 아무리 활동 잘하시는 분들도 정체되지 않게끔 도와드리는 것이 어려운 일이죠. 이분들이 더 열심히 즐겁게 잘하기 위해서 동기부여를 드려야 하는데 좀 더 실제적인 것들을 어떻게 해야 좋을지를 항상 고민합니다." (정소안)

정소안 팀장은 라디오 동아리에 참여하는 분들에게 좀 더 넓은 영역에서 활동 기회를 제공하는 것이 또 다른 센터의 역할이라고 이야기한다. 동아리 자체 활동에 그치지 않고 지역 행사와 연계하여 활동 반경을 넓히거나 지역 주민들과 직접 만나는 새로운 유형의 활동을 경험하는 것이 동아리 활동을 계속할 수 있는 동기부여도 되고, 이전과는 다른 활동을 시도할 수 있는 계기가 될 수 있어 다양한 활동 제안은 매우 중요하다고 말이다.

'떴다! 의소대'의 경우에도 3~4년 정도 스튜디오 방송만 진행하다가 서천 지역에서 진행되는 한산모시문화제 현장에서 청취자들과 호흡하는 방식의 공개방송을 경험할 수 있었다. 이때의 경험이 진행자 개개인에게도 큰 자극이 되면서 라디오를 좀 더 열심히 해야겠다는 동기부여가 되었고, 지역 안에서 방송이 알려지면서 동아리에 인터뷰 요청이 오거나 방송 진행 과정에 관해 이야기를 듣고 싶어 하는 분들이 늘어나는 계기가 되었다고 한다.

또 서천지역에서 코로나19가 장기화되는 상황에서 공동체라디오 활동이 유일하게 지속 가능한 활동이었다고도 말한다. 코로나19가 확산되면서 서천센터도 모든 공식 활동을 멈추고 3인 미만의 활동만 지원할 수 있었던 시기가 있었다. 이 상황에서 유일하게 활발했던 것이 소규모로 진행되는 라디오 동아리였다고 한다. 이 시기에 서천센터에서는 라디오 방송물이 가장 많이 만들어졌다. 라디오 동아리는 대부분 1~2인이라서 스튜디오 공간을 이용할 수 있는 인원이었던데다, 센터에 오지 못하는 경우에도 제작자들이 혼자 집에서 녹음해서 발송하는 방식으로 방송 진행이 가능했기 때문이다.

공동체 라디오가 공동의 위기를 해결하는 데 도움이 되었던 극적인 사례들이 있다. 대구지역의 성서공동체FM에서는 사고가 반복되는 특정 지역의 교통체계 문제를 주민들이 공론화시켜 문제를 함께 해결했던 사례가 있었고, 옆 나라 일본에서는 외국인 노동자들이 많이 사는 지역에서 고강도의 지진이 발생하자 다양한 언어로 재난방송을 반복하여 구호 물품이나 대피 상황 등을 실시간으로 전달했던 사례[2]가 있었다. 앞선 두 사례는 인터넷 기반으로 방송하는 서천FM과는 달리 소출력 라디오방송을 위한 전용 주파수를 가지고 있었던 지역의 예시라서 더 파급력이 있었을 것이다. 그러나 인터넷이냐 주파수냐의 문제를 떠나 공동체라디오는 굵직한 정치 현안에 밀려 우선순위로 다루어지지 않은 지역의 작지만 중요한 사안들을 적극적으로 다룰 수 있는 참여적 매체라는 점은 확실하다.

"라디오가 또 이런 위기에서는 기회가 될 수도 있다는 걸 느꼈어요. 아이러니하게도 그 시기에 라디오 방송이 연간 300개가 녹음 됐었거든요. 이때가 센터 개관 이후 전 기간에 걸쳐 가장 라디오 방송물이 많았던 시기였어요." (정소안)

---

2   일본 FM 와이와이 사례_진보적 미디어 운동 저널 ACT! 제 13호(2005. 8. 29.) 참고

서천센터는 코로나19라는 쉽지 않은 상황에서도 서천FM을 통해 인터넷으로 정보를 얻기 힘든 세대와 계층에게 꾸준히 필요한 정보를 제공하고, 격리와 재택근무로 집 안에 발이 묶여 답답한 시민들에게 이야기를 나눌 수 있는 장을 꾸준히 제공했다. 엄청나게 큰 반향을 일으키거나 화제가 되지 않았더라도, 다수의 시민에게 전해지지는 않더라도, 모든 것이 멈추어 있었던 시기에 시민들이 자발적으로 꾸준히 라디오를 만들고 소통할 수 있었던 것은 서천센터가 그간 동아리 활동을 지원하며 마련해둔 토대가 있었기에 가능한 일이었다.

9년 차 장수 방송, 꾸준함의 비결

서천센터 개관 초창기, 지역 내에서 기초 교육이 활발하게 운영되고 시민 미디어 활동이 한창 확장되었던 시기에 동아리들을 지원하고 육성하면서 센터가 강조했던 지점은 '꾸준함'이었다. 한 달에 정해진 회수만큼 콘텐츠를 만들어 공유해달라는 요청이자, 동아리 지원에 대한 약속이기도 했다. '떴다! 의소대' 진행자들도 그때의 인식이 지금도 남아 있어서 누가 강요하는 게 아닌데도 그냥 한 달에 두번 방송하게 되는 것 같다고 했다. 방송 초창기에는 업로드와 동시에 의용소방대원들에게 단체 문자로 방송 링크가 전달되기도 해서 더 꾸준히 열심히 할 수 있었던 것 같다며 지금은 그냥 라디오 방송을 하는 것이 일상적이고 자연스러운 활동이 되었단다.

"우리는 이제 그때그때 방송하면 다음 방송 날짜랑 스케줄도 다 잡아요." (박미순)

"정해진대로 하다 보니까 한 달에 두 번은 꼭 해야 한다는 그 인식이 아직도 남아 있는 것 같아요. 요즘은 방송 주간은 좀 바뀌어도 한 달에 두 번 이거는 정말 잘 지키고 있는 거 같아요."
(남성자)

라디오를 오랜 시간 진행하면서 겪은 좋은 경험들도 계속 방송을 지속하게 만든 힘이 되었다. 라디오 진행자 주영민 씨는 최근 자녀분의 결혼식에서 단상에 올라가 성혼 선언문을 낭독했던 일이 있었다. 그때를 회상하는 그의 얼굴에 뿌듯한 미소가 어렸다.

"제가 이제 아들 엄마니까 성혼 선언문을 단상에 올라가서 하는데 하객분들이 왜 저렇게 잘해 이렇게 말했대요. 혹시 뭐 아나운서 아니야 이러면서요. 나중에 그 이야기를 듣는데 내가 이 방송을 오래 하다가 보니까 여러 사람 앞에서 하는 것도 이렇게 좀 자연스럽게 되지 않았나 싶어요. 원래 굉장히 수줍어하고 그런 성격이었는데 미디어센터에서 저희가 인터뷰나 리포터 활동을 하면서 이렇게 담대하게 할 수 있게 되지 않았을까... 그런 생각을 해봅니다." (주영민)

또, 원래 하고 있던 의용소방대 활동도 라디오 덕분에 자신감이 붙어서 더 적극적으로 참여하게 되었다고 한다. 남성자 씨는 충청남도 강의 경연대회에 출전해서 2등이라는 쾌거를 거두기도 했다고. 이런 성취가 라디오 덕분이라고 생각하게 된 것은 지인들이 자꾸 라디오와 연관시켜 칭찬을 해주어서 그런 것 같다고 말한다.

"충청남도 강의 경연대회에서 심폐소생술 강사로 나갔는데, 제가 2등을 했어요. 당시 여성연합회장님에게서 제가 라디오 방송을 해서 그런지 너무 자연스럽게 잘한다는 칭찬을 들었어요. 처음 방송할 때는 심장이 쫄깃하고 입도 마르고 혀가 꼬였었는데, 지금은 무대 나가서 강의하는 거나, 시범 보이는 거 이런 걸 능숙하게 잘하게 된 것 같아요." (남성자)

박미순 씨도 현재 다니는 회사에서 큰 회의 자리나 무대에서 마이크를 잡는 게 전보다 자연스러워졌다고 한다. 이제는 큰 무대에서도 긴장은 되지만 한결 말하는 것이 수월해졌다는 것을 스스로 느낀다고 말이다. 덕분에 회사에서 발표 1등 사은품으로 냉장고도 탔다며 라디오 진행이 자신감을 가지는 데 도움이 되었다고 입을 모았다.

진행자들은 동아리가 만들어진 초창기부터 지금까지 과정마다 센터의 도움이 있었기에 가능했다고 말한다. 담당자인 정소안 팀장이 처음 방송을 기획할 때도, 코너를 개편할 때도 옆에서 늘 좋은 아이디어를 내고 멘토링을 해주었다고 한다. 여느 방송국 아나운서보다 정소안 팀장의 목소리가 더 좋다, 서천지역에서 하는 큰 행사 진행도 너무 잘했다 등등... 한참 동안 칭찬 릴레이가 계속되었다. 센터 기획자와 시민 제작자가 이렇게 오랫동안 훈훈한 관계일 수 있는 것은 서로의 애씀과 열정을 알아주는 마음, 좋은 방송을 만들고 싶은 욕심이 서로에게 시너지가 되었기 때문이 아닐까.

'떴다! 의소대', 우리 한 번 제대로 떠보자!

9년 동안 빠지지 않고 방송을 만드는 일이 얼마나 대단한 일인 지는 누구보다 기획자가 제일 잘 알고 있다. 동아리 활동에서 '지 속 가능'이라는 말이 실현되기가 얼마나 어려운가! 정소안 팀장 은 '떴다! 의소대'가 서천지역 안에서 장수 방송으로서의 지속가 능성을 열었다고 평가한다.

방송전문가들이 만드는 방송에서도 장수 방송이 만들어지 기란 정말 어려운 일이다. 그만큼 꾸준히 그 콘텐츠를 원하는 사 람들이 있어야 한다는 뜻이기도 하고, 오래 지속한 만큼 커진 해 당 콘텐츠의 사회적인 영향력과 책임감을 계속 떠안고 가야 한다 는 의미기도 하다. 누구나 알고 있는 대표적인 MBC 장수 드라마 '전원일기'는 22년 동안 방송을 지속했다는데, 이 기간을 장수 방 송의 최대치로 놓고 생각해보면 '떴다! 의소대'는 진작에 1/3을 넘어선 셈이다. 앞으로가 더 기대되는 서천센터의 '떴다! 의소대' 활동에 대한 바람을 들어보았다.

"원래 모든 일에서 가장 어려운 건 0에서 1로 가는 거잖아요. 아무것도 없는데 무언가를 시작한다는 것은 너무너무 어렵죠. 근데 그 어려운 것을 이분들은 이미 하신 거예요. 그러니까 1에서 10을 가는 건 이제 별로 어렵지 않다고 생각해요. 그냥 앞으로도 지금처럼 하시던 대로 꾸준히 하셨으면 좋겠어요. 그러면 더할 나위 없을 것 같습니다." (정소안)

서천센터의 '떴다! 의소대' 방송이 서천 지역 안에서는 진즉부터 유명했지만, 이제는 타지역 소방서에도 널리 알려졌다. 서천소방서가 소속된 충청남도 일대는 물론이고 금산, 청양, 천안, 계룡까지... 소방 분야에서 방송이 유명해진 것은 물론 소방 관계자들이 방송 게스트로 출연하게 해달라는 요청도 많다고. 유명세가 이쯤 되니 라디오 방송 소개 문구가 다시 와 닿는다. '전국 유일의 소방·안전 분야 라디오 방송', '9년 차 장수 방송'! 베테랑 진행자들의 거침없는 수다를 듣고 있자면, 목소리에서 느껴지는 엄청난 에너지에 이런 타이틀마저 작게 느껴진다.

그동안 '떴다! 의소대'는 라디오를 좀 더 안정적으로 재미있게 만들어 가는 것에 집중해왔다. 서천센터의 제안으로 2020년부터 팟빵과 유튜브 두 개의 채널을 통해 보이는 라디오를 제작하고 있다. 그래서 앞으로는 영상을 더 친숙하게 생각하는 최근의 경향을 반영하여 '보이는 라디오'라는 형식에 걸맞은 콘텐츠를 만드는 데 집중할 생각이라고 한다.

박미순 씨는 팟빵보다 유튜브 영상에 대한 접근이 좋으니 좀더 많은 사람들이 방송을 볼 수 있게 재미나게 콘텐츠를 만들고 싶다고 한다. 지금까지 비슷한 형식으로 딱딱하게 방송이 진행된것 같다고, 더 재미있게 만들 방법을 깊이 있게 고민해보겠다고 말하며 코너 개편 계획에 대한 운을 띄우기도 했다.

"지역 축제 무대에서 선보였던 심폐소생술 시범 퍼포먼스를 방송에서 제대로 한번 보여주고 싶어요. 저희 대원들에게 심폐소생술 시범 무대에 대한 의뢰가 들어오기도 하구요. 이 분야에 대한 봉사활동도 하고 있으니, 시범단과 같이 방송에서 퍼포먼스를 해도 좋겠다는 생각이 들었어요." (남성자)

아직도 하고 싶은 것이 너무도 많은 진행자들을 보면서 이 방송이 전국구 장수 방송이 될 것이라는 확신이 든다. 이 세 사람의 삶에서 미디어센터는 어떤 의미일까? 남성자 씨는 '미디어센터는 안전빵'이라며 가장 의용소방대다운 답을 내놓았고, 주영민씨는 '미디어센터는 치유의 공간'이라며 바쁜 일상에서 센터에서 방송하는 시간이 오롯이 나에게 집중하는 시간이라 편안해진다고 담담하게 답했다. 박미순 씨는 미디어센터가 '친정엄마'라며 라디오에 대해 아무것도 몰랐던 때부터 10년 가까이 서로 다 지켜본, 생사고락을 함께한 푸근함이 느껴진다고 이야기했다.

모두의 의견을 종합하자면 서천센터는 이들에게 "친정엄마의 푸근함이 느껴지는 나를 치유하는 안전빵의 공간"인 셈이다. 인생에서 이런 공간을 마주한다는 것은 얼마나 고마운 일인가! 또 이런 찰떡같은 궁합의 동료를 만난다는 것은 얼마나 대단한 행운인가! 여러분도 그 고마움과 행운을 간접적으로나마 느껴보고 싶다면 '떴다! 의소대' 라디오 방송을 지금 당장 들어보자!

※ '떴다! 의소대' 라디오 방송 : 매월 첫째 주, 넷째 주 목요일 오후 2시 http://www.podbbang.com/ch/1768136 접속 혹은 스마트폰 'Play스토어, 앱스토어'에서 '팟빵' 앱 다운로드 → 검색창에 '서천FM'으로 검색 · 접속

보이는 세상이
더 많아지기를 꿈꾸며

경계를 넓히는
장애인 미디어교육

대구시민미디어센터 농아인뉴스제작 교육

제6장

보이는 세상이 더 많아지기를 꿈꾸며

경계를 넓히는 장애인 미디어교육

인터뷰   이경민 (대구시민미디어센터 미디어랑 미디어교육팀)
          박지하 (대구시민미디어센터 미디어랑 미디어제작팀)

프레임 밖으로 나온 수어 뉴스

현란하게 바뀌는 타이틀 자막이 지나가자, 화면 가득 수어로 인사를 하는 앵커가 나온다. TV 화면 한 귀퉁이, 작고 동그란 프레임에 갇힌 수어 통역사가 전하는 뉴스가 아닌, 농 기자단이 직접 만드는 뉴스 <수어로 전하는 뉴스>다.

<수어로 전하는 뉴스>는 대구광역시청각·언어장애인복지관(이하 복지관)의 농 기자단이 만든다. 농 기자단은 2016년 대구시민미디어센터 미디어랑(이하 미디어랑)과 복지관이 함께 농아인 뉴스 제작 교육을 하면서 결성되었다. 처음 교육이 시작된 이후 꾸준히 뉴스를 제작해 현재까지 70개가 훌쩍 넘는 뉴스 영상이 복지관의 유튜브 채널에 축적되었다.

손으로 전하는 소식통

지하철 등 대중교통의 출발과 도착, 지연을
알리는 음성 안내방송과

　미디어랑의 장애인 미디어교육의 시작은 대구대학교 장애학
생지원센터의 문을 두드리면서부터였다. 대구대학교는 장애인
복지가 잘 되어 있기로 소문난 곳이기도 했고, 장애인 활동가들
이 대학 안에서 인권동아리를 운영하고 있었다. 처음에는 장애인
권동아리와 연계하여 미디어교육을 했는데, 이는 지역에 새로운
네트워크가 만들어지는 계기가 되기도 했다. 동아리 출신 학생들
이 졸업 후에 만든 인권 단체를 통해 지역에서 장애인 미디어교
육이 지속적으로 이어진 거다.

　대부분 지체장애인 위주의 미디어교육이 진행되다가 본격적
으로 청각장애인 미디어교육이 시작되었던 것도 장애인권동아리
에서 만난 인연 덕분이다. 2008년, 대구대학교에서 미디어교육
을 진행할 당시 수어 통역사로 참여했던 한 학생이 복지관에 입
사하며 연락을 해왔다. 미디어교육을 한번 해보고 싶다는 담당자
의 연락에 처음에는 청각 장애 노인을 대상으로 사진 교육을 진
행했고, 2016년에 복지관에 뉴스 제작을 해보자고 제안하면서
농아인 뉴스 제작 교육이 시작되었다.

　"이전에 대구대학교에서 교육했을 때 다큐멘터리 제작을 했었

는데 호흡이 길다 보니까 어렵더라고요. 뉴스는 분량이 짧고 정형화된 형식이 있으니 부담이 적겠다고 생각했어요. 농아인들이 전면에 나서서 좀 더 쉬운 언어로 전달하는 뉴스를 만들어 보면 좋겠다는 목표도 있었고요." (이경민)

인터뷰 사진 (좌)이경민 씨, (우)박지하 씨

농아인 뉴스 제작 교육은 기존의 뉴스를 읽어보는 것을 시작으로 뉴스 소재를 찾아 직접 기사를 작성하고, 앵커가 되어 수어로 뉴스를 전달하는 과정으로 이루어졌다. 기본적인 영상 언어와 카메라 사용법을 익히는 것은 물론이고 영상 편집과 자막 제작, 유튜브 업로드도 참여자들이 직접 할 수 있게 했다. 15회차라는 꽤 긴 호흡의 교육이었다.

미디어교육 기획자 겸 교사로 활동하고 있는 이경민과 박지하 두 사람에게 농아인 뉴스 제작 교육은 이전에는 경험해본 적 없는 새로운 영역이었다. 농아인 뉴스의 필요성도 필요성이지만, 뉴스 제작과정이 훨씬 더 용이할 것으로 생각하고 접근했던 두 사람의 생각은 교육하는 내내 깨어지고 어긋났다.

농아인 뉴스제작교육,
새로운 세상의 문을 열어주다

"육하원칙에 맞춰 기사를 쓰고 그에 맞는 영상을 촬영해서 붙이면 되니까 쉬울 줄 알았거든요. 그런데 농아인이 쓰는 문법과 우리가 쓰는 문법이 완전히 다른 거예요. 원고를 다 썼다고 생각했는데 농아인에게 맞는 문법으로 문장 배열을 다시 해주더라고요. 그런 것들 때문에 생각보다 쉽지 않았어요." (박지하)

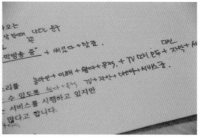

교육 참여자들과 열심히 이야기를 나눠 기사 원고를 다 썼다고 생각했는데 그건 끝이 아닌 시작이었다. 교육을 담당했던 복지관 팀장은 원고의 문장을 모두 쪼개 농아인에게 맞는 문법으로 다시 배열해줬다. 같은 한국인이라도 청인과 농아인은 인식 체계가 다르다. 그 때문에 농아인만의 문화를 형성하고 있다는 것, 언어 역시 문법 구조에서 차이가 있다는 것을 교육하면서 처음으로 알게 되었다. 게다가 수어로 존재하지 않는 미디어 용어는 얼마나 많던지. 미디어에 대한 이해가 전무한 수어 통역사를 통해 수어에 없는 용어를 풀어서 설명하는 것은 두 사람 모두 처음 겪는

난관이었다.

함께 뉴스를 만들어 가는 과정은 청인 교사에게나 농아인 참여자에게나 새로운 세상의 문을 여는 것과 같았다. 농아인들은 그동안 봤던 뉴스가 굉장히 불편하고 그들에게 맞지 않았다는 것을 뉴스를 직접 만들어보면서 깨닫게 되었고, 교사들은 이전에는 고민하지 않았던 것을 생각해 보게 되었다. 교사와 참여자들은 자막의 크기가 어느 정도 되어야 보기 좋은지, 수화 통역 화면은 어떻게 나오는 게 좋은지 여러 시도를 해보며 농아인에게 맞는 뉴스 형태를 만들어 갔다. 그뿐이 아니다. 줌인, 줌아웃, 풀 쇼트와 같이 수어에는 없는 미디어 관련 용어를 참여자들과 약속을 정해 모두 다 이해할 수 있는 수어로 새롭게 만들었다. 농 커뮤니티 안에서 늘 소수자일 수밖에 없었다는 두 사람은 수어를 배우기도 했다.

"한 번은 수어 교실 취재를 갔다가 담당 선생님께 이런 말을 들었어요. 왜 우리나라 사람들은 다른 나라 언어는 그렇게 열심히 배우면서 같은 나라에서 살고 있는 사람의 언어는 배울 생각을 하지 않는지 모르겠다고요. 사실 수어는 우리나라 제2의 공용어거든요. 그 말을 듣고 수어를 배우기 시작했어요." (이경민)

교육을 몇 년째 진행하면서도 수어를 몰라 참여자들과 간단한 일상 대화도 나누지 못하는 게 부끄러워진 두 사람은 수어통역지원센터에서 운영하는 수어 교실에 참석했다. 낮에는 미디어 교육을 하고 저녁에는 수어 교실에 나가기를 몇 달, 놀랍게도 수어가 눈에 들어오기 시작했다. 수어를 하면서 참여자들과의 공감대가 더 넓고 깊어진 건 말할 필요도 없다. 그 덕에 교육이 끝난 후에도 참여자들과 종종 연락하며 관계를 지속할 수 있었다고 한다.

"퇴근하면 필라테스도 하고, 피아노도 배우고 하잖아요. 그런데 제가 수어를 배운다고 했더니 다들 대단하다고 하더라고요. 어떻게 보면 그냥 자연스럽고 별거 아닌 건데." (박지하)

다른 언어를 배우는 것은 단순히 '말'을 배우는 것만이 아닐 것이다. 언어를 배우는 것은 그 언어가 포함된 문화를 배우는 것이고, 상대방의 문화를 배운다는 것은 그것을 이해하고 존중하겠다는 것과 같은 의미가 아닐까. 그것을 알기에 참여자들도 그들에게 마음을 더 열어주었을 것이다. 이경민, 박지하 두 사람의 노력이 '별거 아닌 것'이면서도 '별것'인 이유다. 게다가 이경민 씨는 수어 교실 최고 우등생으로 상까지 받았다니, 얼마나 열심히 온 마음을 다해 수어를 배웠을지 보지 않아도 알 것 같다.

모두의 노력과 지원을 바탕으로

청년층이 대거 유입된 2019년은 농 기자단이 가장 활발하게 운영된 해였다. 유튜브에 익숙한 청년들은 영상에 대한 이해도도 높았고 전달하고 싶은 내용도 다양했다. 이전에는 주로 복지관의 소식을 전달하는 내용이 주를 이루었다면 2019년에는 개인의 경험과 관심사를 바탕으로 한 문제의식이 담긴 뉴스가 많이 만들어졌다. 여행을 좋아하는 한 참여자는 겁내지 말고 해외여행을 가자는 이야기를, 재난방송에 문제의식을 느낀 참여자는 재난방송에 수어 통역 서비스가 꼭 필요하다는 이야기를, 또 어떤 참여자는 드라이브 스루(drive-through, 자동차를 탄 채 쇼핑할 수 있는 상점)의 불편함에 대한 이야기를 뉴스로 만들었다.

대구청각·언어장애인복지관은 농아인 뉴스 제작단의 활동이 활발하게 지속될 수 있도록 적극적으로 지원했다. 교사의 노력도 노력이지만 협력 기관인 복지관의 높은 관심과 지원이 없었다면 농 기자단의 교육과 제작 활동이 몇 년 동안 이어지기는 쉽지 않았을 것이다.

2016년 처음 뉴스 제작 교육을 시작한 이후 복지관에서는 매년 상반기에는 교육을 통해 농 기자단을 양성하고, 하반기에는 농 기자단이 매달 한 편씩 수어 뉴스를 제작하는 활동을 이어갈 수 있도록 지원했다. 수어 뉴스는 복지관 로비에서 상영하고 유튜브 채널에도 올리는데 복지관에서는 기자단에게 편 당 제작비를 지급하며 활동을 독려하기도 했다. 이는 제작 활동이 지속되는 데 큰 원동력이 되었다.

기자단 활동에 전문성과 책임감을 부여하기 위한 장치도 마련했다. 교육 마지막 시간, 뉴스 제작과 관련한 기초지식을 확인하는 필기시험을 통과한 수료생만 기자단이 될 수 있게 한 것이다. 물론 시험의 난도는 그렇게 높지 않았다.

"감정 이입이 가장 쉬운 쇼트는 무엇인지 묻는다거나 하는 건데 가급적 통과 하실 수 있게 도와드렸어요. 시험 보기 전에 문제에 나온 내용을 모두 복습하기도 하고 문제를 이해하지 못할 땐 수어 통역사가 다시 설명해드리기도 하고요. 오픈북 시험에 가깝다고 생각하시면 돼요." (이경민)

코로나19로 닥친 위기
그리고 새로운 변화의 물결

교육이 끝나고 꾸준히 활동을 이어 나가는 것에 대한 어려움은 아마도 많은 미디어교육 현장에서 교사와 기획자들이 마주하는 어려움 중 하나일 것이다. 농 기자단 활동 역시 마찬가지였다. 젊은 세대의 참여로 활발해진 뉴스 제작은 아쉽게도 오래가지 못했다. 기자단의 활동에 활력을 가져온 청년층이 하나둘 취업을 하기 시작하면서 활동을 지속하지 못하는 사람들이 늘어난 것이다. 복지관 외에 지역의 농청년단과 접촉해보기도 했지만, 청년 층은 대부분 일을 하는 경우가 많아 모임을 갖기도, 제작 활동을 하기도 쉽지 않았다.

엎친 데 덮친 격으로 2020년 2월, 대구에서 코로나19 감염이 급속도로 확산되면서 복지관의 운영이 중단됐다. 복지관이 문을 닫으니 교육과 제작 활동도 중단될 수밖에 없었다. 하지만 암울 해 보였던 상황은 또 다른 바람을 몰고 왔다.

"코로나19 때문에 오히려 청년들이 유튜브를 더 많이 하게 되 었어요. 그 당시 대구에 사는 농 청년이 '청각장애인이 코로나 를 견디는 법'이라는 일상 브이로그를 찍어서 유튜브 채널 <시 리얼>을 통해 나가게 되었는데 그게 엄청나게 주목받았고 그 러면서 유튜브에 대한 관심이 확 높아진 거예요." (박지하)

복지관이 완전히 문을 닫은 상태에서 이경민 씨는 일단 농 청 년회와 온라인 수업이라도 시작해보기로 했다. 19년도 교육에 참 여했던 이들 중 농 청년회 회원이 있어 네트워크가 만들어질 수 있었고 청년회 안에 미디어 제작 관련 부서가 있었던 데다가 유 튜브 교육에 대한 수요도 많이 생기고 있었다. 더할 나위 없이 좋 은 기회였다. 하지만 야심차게 시작한 온라인 수업은 첫 시간부 터 큰 벽에 부닥쳤다.

"오리엔테이션을 줌으로 했거든요. 근데 이게 안 되는 거예요. 화면은 작고, 봐야 할 사람은 너무 많고. 소리가 나면 말하는 사람의 화면이 크게 나올 텐데 소리가 없으니 그것도 안 되고. 도저히 진행되지 않았어요." (이경민)

들리는 '말소리'를 기준으로 설계된 화상 회의 프로그램은 농아인의 소통에 별 도움이 되지 못했다. 두 사람은 첫 시간부터 우왕좌왕하다 실시간 온라인 교육은 불가능하다는 판단을 내리고 대신 참여자들이 볼 수 있는 교육 영상을 만들기 시작했다. 인터넷 강의를 하듯 밴드에 교육 영상을 올리고 과제를 내주었다. 하지만 과제를 하는 사람은 많지 않았다. 교육 영상을 누가 어떻게 보고 있는지 확인이 되지 않으니 제대로 수업이 진행되는지 알 수가 없었다. 결국 몇 차례 온라인 수업을 진행하다 대면 수업으로 전환했다. 열 명이 되지 않는 소수 인원이라 가능했다. 그렇다고 문제가 끝난 건 아니었다. 유튜브 콘텐츠를 만들어 보자고 모였지만 미디어교육자와 참여자가 원하는 것은 많이 달랐다.

"본인이 더 드러나는 이야기를 하면 좋겠는데 참여자들은 그냥 보통의 일상 브이로그처럼 맛있는 것을 먹거나 여행 가는 영상 같은 것을 만들고 싶어 하시더라고요." (박지하)

소수자로서의 정체성을 정확하게 인식하고 미디어를 통해 자신을 표현하고 주체적인 목소리를 내는 기회를 만들고 싶은 미디어교육자로서의 바람은 참여자들의 욕구와 자주 부딪혔다. 농아인이라고 꼭 장애인의 목소리를 내야만 하는 건 아니라고 생각하면서도, 그들의 삶이 충분히 드러나지 않는 영상을 만드는 것을 보면 자꾸 아쉬움이 남았다. 그 아쉬움은 이경민, 박지하 두 사람이 장애인 미디어교육을 놓지 못하는 이유이기도 하다.

"제가 아는 한 농아인 부부가 있는데 두 돌 된 아이가 수화를 하거든요. 농아인 부부가 아이를 키우는 이야기나 스타벅스에

서 일하는 농아인 청년의 이야기, 인공 와우 수술을 받은 분의 이야기…. 이런 이야기들이 저는 너무 흥미롭게 느껴져요. 이 것들을 재미있게 만들었으면 좋겠고 더 많은 분이 접할 수 있으면 좋겠어요. 아는 만큼 달라지는 것 같아요." (박지하)

아는 만큼 보이고, 보이는 만큼 더 공감할 수 있으니까

두 사람은 미디어교육자로 활동하면서 그전에는 접할 기회가 없었던 사회적 소수자들을 만날 기회가 많아졌다. 그로 인해 세상을 보는 시각도, 바라보는 삶의 반경과 고민의 층위도 이전과는 완전히 달라졌다. 아는 만큼 보이고, 보이는 만큼 더 많이 공감하게 되는 것 같다고, 사람들이 소수자들의 삶에 대해 알 기회가 더 많아졌으면 하는 바람을 이야기하는 이들의 눈빛이 참 단단하다. 이 단단함이 있었기에 수많은 시행착오와 어려움을 헤쳐나가며 10년 넘게 같은 길을 걸을 수 있었던 게 아닐까.

직장 동료로 만났지만, 이제는 바늘과 실이 떼려야 뗄 수 없는 것처럼 어디든 함께 가고 무엇이든 함께 한다는 이경민, 박지하 두 사람은 서로에게 아주 든든한 동지다. 두 사람의 올해 계획은 도저히 뚫리지 않는 농아인 학교와 연계하여 농아인 청소년들을 만나는 것이라고 한다.

"저희는 항상 같이 움직여요. 경민 쌤이 교육 기획을 하면 저는 영화 제작을 하는 방식이나 장비 구성을 고민하고. 올해는 농아인 학교도 들어가고 농 청년들도 계속 만날 수 있으면 좋겠어요." (박지하)

"농아인 청소년에게 미디어 리터러시가 꼭 필요하다고 생각하거든요. 그런데 농아인 학교에 들어가기가 생각보다 어렵더라고요. 지역에 초·중·고 통합 농아인 학교가 있는데 올해는 그곳이랑 어떻게든 인연을 맺고 싶어요." (이경민)

청년들은 비교적 만날 기회가 있는데 학생들은 만날 방법이 없어 아쉬웠던 두 사람은 최근에 드디어 학교 관계자와 연결이 되었다. 마침 농아인 뉴스 제작 교실을 3년간 함께한 참여자가 그 학교에서 수업하고 있어 연결고리가 생긴 것이다. 지역에서 배리어프리 영화제작 교육도 하는 두 사람은 배리어프리로 만들어지는 다양한 영화를 청소년들과 함께 보고 싶다.

농아인들이 자기들만의 커뮤니티에 갇히지 않고 밖으로 나와 세상과 더 많이 교류하는 것. 장애와 비장애를 떠나 모두가 서로 자연스럽게 만나며, 서로를 고립시키지 않고 연대하는 것. 그것이 두 사람의 오랜 바람이다. 그 바람을 위해 이들은 올해도 대구 이곳저곳에서 미디어교육을 하며 희망의 씨앗을 뿌릴 것이다.

모두의 영화를
만드는 시간

차별의 장벽을 허무는
미디어교육

대구영상미디어센터 배리어프리영화제작교육

제7장   모두의 영화를
만드는 시간

차별의 장벽을 허무는 미디어교육

인터뷰   조윤영 (대구영상미디어센터 미디어교육팀)
정윤영 (배리어프리영화제작교육 3기 참여자)

귀로 보는 영화, 글로 듣는 영화

[묘순 절규하는 비명]
얼굴이 땀과 눈물로 범벅이 된 묘순은 / 다시금 유골가루를 쓸어 모으려 한다.

(묘순) 아가

불어오는 바람에 / 울창한 수풀이 무심하게 흔들리고 있다.
그 모습에서 화면이 어두워진다.

이것은 지난 2021년, 배리어프리 영화로 만들어진 대구·경북 지역 단편영화 <터>의 화면해설 중 일부다. 배리어프리 영화는 영화에 화면을 설명해주는 음성 해설과 화자 및 대사, 음악, 소리 정보를 알려주는 자막을 넣어 시청각 장애인은 물론 미취학 아동이나 노인 등 모두가 함께 즐길 수 있도록 만든 영화다.

대구영상미디어센터(이하 '대구센터')에서는 2019년 처음으로 일반 시민들이 참여하는 배리어프리 영화제작과정을 시작했다. 배리어프리 영화에 대한 사람들의 인식을 높이고 지역에서 만들어지는 단편영화를 배리어프리 영화로 만들어 장애인들이 더욱 다양한 영화를 관람하는 기회를 만들고자 했다. 이전까지 센터에서 진행하는 대부분의 장애인 미디어교육이 장애인 당사자가 목소리를 내는 제작 활동에 초점이 맞춰져 있었다면, 배리어프리 영화제작과정은 장애인의 영화 관람과 문화 향유에 대한 접근성을 고민한 첫 시도라고 할 수 있다.

인터뷰 사진 조윤영 씨

"센터에서 장애인 미디어교육을 항상 진행하고 있어서 그분들과 어떤 교육을 할지 늘 고민하고 있어요. 그런데 우리 센터는 영화 중심의 교육 과정을 많이 하고 있고, 지역 영화의 유통이나 배급에 대한 고민도 있어서 그 부분을 함께 생각하다 보니 지역 영화를 배리어프리 영화로 만들어 보면 좋겠다고 생각하게 됐던 것 같아요. 시청각 장애인들도 지역의 다양한 영화를 볼 수 있는 기회가 필요하잖아요." (조윤영)

첫해는 배리어프리영화위원회나 배리어프리영상포럼 등 관련 기관에 연락해서 자문을 구하고 특강을 요청하면서 센터 실무진도 함께 배워가는 시간이었다. 여러 곳에 자문을 구하고 사례를 수집해보기도 했지만, 생각만큼 사례가 많지는 않아서 교육을 담당하기로 한 미디어교육자들과 이야기를 나누며 수업을 준비하고 운영했다. 모든 것이 처음이라 시행착오도 많이 있었지만 그나마 다행인 건 걱정했던 것과 달리 교육에 관심을 갖고 신청하는 시민들이 의외로 많았다는 거다.

"되게 놀라운 게 수요가 정말 많았어요. 배리어프리 영화를 모르거나, 안다고 해도 관심이 없을 수 있겠다고 생각했거든요. 선발 방식으로 모집했는데 신청서를 보면 참여하고 싶은 이유도 다양했어요. 영화에 관심 있는 분, 글쓰기에 관심 있는 분, 평소에 장애 인식에 대해 생각을 많이 하신 분, 성우에 관심 있는 분도 있었고요." (조윤영)

　2019년, 처음 교육이 개설되었을 때부터 관심이 있었지만 일정이 맞지 않아 참여하지 못하다가 2021년에야 교육에 참여할 수 있었다는 3기 수료생 정윤영 씨는 처음엔 수강생으로, 그다음 해에는 퍼실리테이터로 2년 연속 교육에 참여했다.

　"종종 TV에 '화면해설 영화입니다', '이상 화면해설 영화였습니다.'라고 나오는 걸 봤어요. 그때마다 저건 어떻게 만드는 건지 궁금하더라고요. 그래서 수업 공고를 보자마자 바로 신청했어요. 또 대구·경북 지역 영화를 배리어프리 영화로 만든다고 하니까 기대되기도 했어요. 아무래도 평소에는 그런 영화들을 볼 기회가 많이 없으니까요." (정윤영)

　성서공동체FM에서 자원 활동으로 라디오 프로그램을 제작하고 있는 시민 제작자이기도 한 그는 평소에도 여러 가지에 호기심이 많다며, 배리어프리 영화제작과정에 대한 단순한 호기심이 자신을 이끌었다고 말한다. 그의 이야기를 들으니 눈에 보이지 않는 것을 상상하고 질문하는 호기심이야말로 우리가 사는 세계 곳곳에 존재하는 두꺼운 벽을 무너뜨리는 힘일 수 있겠다는 생각이 들었다.

처음 느껴보는 소통의 벽이
누군가에게는 일상이라는 깨달음

"외국에 가면 공공시설에 '배리어프리 시설'이라는 표기가 많이 되어 있잖아요. 그래서 그 용어를 아는 정도였는데 교육에 참여하면서 알게 된 게 많아요. 한 번은 농아인 강사님이 온 적이 있었는데 옆에 수어 통역사가 있었거든요. 농아인 강사님이랑 이야기하려면 수어 통역사를 봐야 하고, 그다음에는 다시 농아인 강사님을 보고, 그렇게 의사소통하면서 외국어랑은 다른 생경한 벽을 만난 기분이었어요. 그리고 그때 생각했어요. 이분들한테는 이런 벽이 일상이었겠구나." (정윤영)

그는 여태 한 번도 경험해보지 못했던 의사소통의 어려움을 직접 경험하며 시청각 장애인들이 일상에서 마주할 수많은 벽을 상상할 수 있었고 그제야 이제까지 당연하게 누리던 많은 것들을 새로운 눈으로 보게 되었다. 영화를 보는 것도, 전시회에 가는 것도 좋아하고, 호기심이 생기면 무엇이든 배워본다는 그는 그동안 아무렇지 않게 누렸던 문화가 이렇게 차별적일 수 있다는 사실에 만감이 교차하면서 매우 속상했다고 한다. 설령 시청각 장애인들이 문화를 즐긴다고 해도 그 범위는 아주 협소하겠다고 생각하니 배리어프리 영화가 더 소중하게 느껴졌단다.

배리어프리 영화 제작의 Barrier

한국에서 배리어프리 영화가 처음 만들어진 건 2006년, 배리어프리영화제가 생긴 건 2011년이니 배리어프리 영화의 역사는 그렇게 짧지 않다. 십수 년 동안 배리어프리 영화에 관한 관심은 높아지고 제작도 점차 확대되기는 했지만, 배리어프리 영화에 대한 인식도, 배리어프리 영화로 만들어지는 영화의 수도 아직은 턱없이 부족하다. 배리어프리 버전으로 만들어지는 영화가 전체 개봉 영화의 5퍼센트도 안 된다고 하니 '누구나, 언제나, 어디서나' 즐기려면 아직도 갈 길이 멀다.

배리어프리 영화 제작을 위한 표준 가이드라인 역시 마련되어 있지 않다. 영화 선정이나 자막 해설의 표기 방식, 화면해설의 범위 등 실제 제작을 하다 보면 매 순간 물음표가 끊이질 않았다. 그렇다 보니 배리어프리 영화제작과정을 운영하는 담당자도, 직접 영화를 만드는 참여자도 어려움이 참 많았다.

"영화 선정부터 어려웠어요. 배리어프리영화위원회 같은 곳에서는 보통 대중적으로 인기 많은 작품을 만드는데 저희는 그렇지는 않다 보니까 첫해에 받은 피드백 중에 영화가 어렵다거나 재미없다는 피드백도 있긴 했어요. 쉽고 편안하게 접근할 수 있는 내용이면서도 화면해설이나 자막이 잘 담길 수 있어야 하니까 영화 선정할 때나 제작할 때 어떤 가이드가 있으면 좋겠다는 생각을 많이 했어요." (조윤영)

기존 영화가 배리어프리 버전을 고려해서 만들어진 것이 아니기 때문에 화면해설과 자막이 잘 담길 수 있을 정도의 속도감이 있으면서, 장애 당사자가 충분히 이해하고 공감하는 동시에 재미있게 볼 수 있는 영화를 선정하기는 쉬운 일이 아니었다.

겨우겨우 배리어프리 영화를 만들어도 고민은 끝나지 않고 더 깊어졌다. 시청각 장애인이라고 해도 그 안에서 장애 유형도 다양하고 장애의 정도도 다르다 보니 당사자의 피드백을 받아보면 그 내용이 천차만별이었다. 청각장애인 중에는 수어 해설까지 필요하다고 한 경우도 있었고, 너무 많은 정보가 오히려 영화를 이해하는 데 어려움을 줘서 배리어프리 영화가 더 큰 장벽이 되는 경우도 있었다. 이런 복잡한 고려 요소들 속에서 명확한 가이드라인 없이 배리어프리 영화를 만드는 것은 부표 없이 망망대해를 표류하는 것과도 같았다.

인터뷰 사진 정윤영 씨

"작업하면서 정말 너무 힘들었어요. 영화 자체가 배리어프리 영화제작과정을 절대로 배려하지 않았다는 생각을 되게 많이 했어요. 화면을 해설해야 하는데 장면이 너무 빠르게 넘어가서 시간이 없는 경우가 많았고요, 지속 시간이 긴 어떤 장면은 설명할 게 없는데도 무조건 공백을 채워야 했거든요." (정윤영)

대구센터의 배리어프리 영화제작과정은 배리어프리 영화를

만드는 데 필요한 화면해설 대본 쓰기, 화면해설 녹음하기, 자막 입히기와 같은 실질적인 제작 실습과 장애에 대한 이해와 감수성을 높이는 특강으로 구성되었다. 그러나 간단하게 보이는 이 교육 과정은 절대 쉬운 게 아니었다. 시각 장애인이 이해할 수 있게 영상을 말로 해설해주고, 청각장애인이 이해할 수 있도록 소리를 글로 해석해주기 위해 영상을 보면서 대본 작업을 해야 하는데, 내레이션과 자막이 들어갈 수 있는 대사와 음향 사이의 짧은 빈틈에 맞춰 글을 쓰는 게 보통 일이 아니다.

게다가 배리어프리 영화는 시청각 장애인뿐 아니라 영상을 이해하기 어려운 발달장애인이나 미취학 아동, 노인에게도 필요한 영화다. 그렇기에 누구나 쉽게 이해할 수 있는 표현을 사용하는 것이 아주 중요하다. 정윤영 씨가 배리어프리 영화를 만들면서 한국어 공부를 제일 열심히 했다고 말한 것도 그래서다.

배리어프리 영화 제작자들의 경험이 작은 깃발이 되어

영화의 각종 소리를 문자로 옮기고 영화의 이미지를 말로 바꾸는 작업을 하는 수강생들은 매 순간 선택의 기로에 놓였다. 어떤 단어가 발음하기 더 좋을까, 어떤 표현이 더 어울릴까, 어떤 설명이 이해하기가 더 쉬울까. 수학 공식처럼 명쾌한 해답이 있는 것이 아니다 보니 여러 사람의 의견을 들으며 수정에 수정을 거듭하고, 더 좋은 표현을 찾기 위해 같은 장면을 몇 번씩 다시 보다 보면 30분가량의 단편영화 한 편을 작업하는 데 일주일이 훌쩍 넘게 걸렸다.

이미 존재하는 영화를 해설하는 것이라고 간단하게 생각했지만 2차 창작도 엄연한 창작이라 '뼈를 깎는 창작의 고통'은 이루 말할 수 없었다. 교육에 처음 참여할 때만 해도 호기심과 기대감에 설렜던 정윤영 씨는 어느 순간 그런 마음이 사라지고 신나지도 않았다며 지난 작업 과정을 회상했다. 그럼에도 끝까지 작업을 마무리하고 두 번째 해에 퍼실리테이터로 또 한 번 사업에 참여한 걸 보면 그 힘든 과정의 끝에는 그보다 더 큰 성취감이 있었던 게 분명한 것 같다.

그냥 흘려보던 영상을 초 단위로 쪼개 보고, 유심히 보지 않던 영상의 모든 요소를 면밀히 관찰하고, 누구나 이해할 수 있는 적절한 표현이 무엇인지 고민해보는 그 모든 과정은 초보 배리어프리 영화 제작자에게는 어려우면서도 이전과는 완전히 다른 시각을 갖게 해준 소중한 경험이었을 것이다.

"예전엔 안 그랬는데 이제 자막을 볼 때 번역이 잘 되었는지, 오탈자는 없는지 보게 되고 화면해설을 들으면 표현이 적절한가, 시간이 부족했겠네, 그런 생각들을 하게 돼요. 지금 이 단

어보다 더 좋은 단어는 없나, 고민도 하고요. 작업자 마인드가 생긴 것 같아요." (정윤영)

　　정답이 없어서 답답했지만, 오히려 2차 창작물의 저작자로서 권한을 가지고 자율적으로 할 수 있다는 점이 참여자들로 하여 금 더 열심히 공부하고, 적극적으로 작업에 참여하게 해준 것 같 다는 정윤영 씨는 두 번째 해에는 퍼실리테이터로 결합했다. 퍼 실리테이터로 배리어프리 영화제작과정에 참여하는 것은 또 다 른 경험이었다. 참여자였을 때는 한 편의 영화를 전반과 후반으 로 나눠 한 부분만 작업을 했지만, 퍼실리테이터가 되니 한 편의 영화를 모두 봐야 했다. 두 사람이 나눠서 한 작업이 잘 어우러질 수 있도록 어휘를 일치시키고, 전체적인 균형을 잡을 수 있도록 의견을 제시하는 건 어려운 일이었지만 동시에 뿌듯한 일이기도 했다. 정윤영 씨는 앞서 작업을 했을 때 맞닥뜨렸던 답답함과 어 려움을 떠올리며 먼저 제작과정을 경험해본 선배로서 해줄 수 있 는 이야기들을 최대한 나누려고 노력했다. 정답은 아니라도 그가 성심껏 나눠준 경험은 모든 게 막막한 새로운 참여자들에게는 믿 고 따라갈 수 있는 작은 깃발이 되었을 것이다.

"영화의 어떤 장면이 누군가에게는 상처를 줄 수도 있고 거북하게 느껴지는 부분이 있을 수도 있는데 그런 경우를 미처 생각하지 못하고 화면해설이나 자막을 만들어서 문제가 된 경우가 있었어요. 그래서 제가 퍼실리테이터로 참여했을 때는 그런 사례나 제가 경험했던 작업 과정을 참여자분들께 많이 말씀드렸어요. 딱히 어떤 지침이 없으니까 그것 말고는 방법이 없더라고요." (정윤영)

긴밀하고 촘촘한 네트워크의 힘

대구센터의 배리어프리 영화제작과정은 '배리어프리 영화 제작·상영·배급을 위한 「모두의 영화」 사업의 하나로 진행되었다. 「모두의 영화」 사업에는 배리어프리 영화제작과정뿐 아니라 배리어프리 영화의 상영과 배급 기회를 마련하기 위한 <찾아가는 배리어프리 영화관> 사업도 포함되어 있다. 이 두 가지 사업이 톱니바퀴처럼 잘 맞물려 돌아갈 수 있도록 대구·경북 지역의 여러 기관과 단체가 긴밀하게 네트워크를 구축하고 서로의 역량을 발휘하며 사업을 함께 했다.

대구경북영화영상사회적협동조합은 사업기획에 공동으로 참여하며 온라인 아카이브를 함께 구축했다. 대구시민미디어센터 미디어랑은 커리큘럼을 함께 기획하며 강사진으로 결합, 교육을 진행하였고, 대구경북독립영화협회에서는 작품 선정과 제작자 연계를 도우며 유통·배급 실무를 총괄했다. 대구청각·언어장애인복지관과 대구시각장애인복지관에서는 장애인 커뮤니티를 연계하는 데 힘을 보탰다. 성서공동체FM은 유통 플랫폼으로 협력하며 '라디오 영화관'을 통해 배리어프리 영화가 송출될 수 있게 해주었다. 사업에 참여한 모든 단위가 함께 머리를 맞대고 힘을 모아주었기에 사업이 잘 진행될 수 있었다.

> "대구는 미디어 관련 기관과 단체들의 네트워크가 참 잘 되어 있어요. 다들 뭔가 하자고 했을 때, 흔쾌히 같이 해보자고 하는 경우가 많아요. 소통도 잘 되는 편이라 힘든 점이 있어도 같이 이야기하면서 풀어나가면 되니까 운영에 어려움은 정말 없었던 것 같아요." (조윤영)

탄탄한 네트워크 덕분일까, 배리어프리 영화제작과정이 처음 시작된 2019년은 자잘한 시행착오도 많았지만, 유의미한 성과가 더 많았다. 제작과정을 통해 배리어프리 영화로 거듭난 지역 단편영화 네 편이 2020년 대구단편영화제 특별 섹션에서 상영되었고, 2020년부터는 대구·경북 지역기반제작 작품으로 구성되는 애플시네마 섹션에 선정된 작품을 배리어프리 영화로 제작했다. 그러다 보니 자연스럽게 지역 창작자들 사이에서 배리어프리 영화에 대한 인식이 자리 잡혔고, 배리어프리 영화 제작이 또 하나의 창작이자 유통배급 방식으로 받아들여지는 것을 확인할 수 있었다.

> "배리어프리 영화에 선정되고 싶다, 내 영화가 배리어프리 버전으로 만들어지면 좋겠다, 이렇게 말씀해주시는 감독님들도 꾸준히 생기고 있어요. 화면해설을 쓸 때 감독의 의도 같은 것이 필요할 때도 있는데 적극적으로 작업에 참여해주시는 감독님도 있고, 상영 소식을 저희보다 더 반가워해 주시기도 하고, 그런

거 볼 때마다 뿌듯하고 정말 잘 됐다는 생각이 들죠." (조윤영)

그뿐만이 아니다. 1기 수료생을 중심으로 대구센터에서 제작단 활동을 하는 시민 몇 명이 모여 꾸준히 배리어프리 영화를 만드는 모임을 꾸려가고 있다. 대구센터의 커뮤니티 지원 사업을 통해 자체적으로 배리어프리 영화를 만드는 일을 해오던 그 팀에서는 올해 다른 기관의 지원을 받아 배리어프리 음악 작업을 진행하고 있고, 그다음으로는 배리어프리 영화 제작을 전제로 한 영화를 만들 계획이라고 한다.

조윤영 씨는 4년간 사업을 운영하면서 거둔 가장 큰 성과는 바로 '사람'이라고, 한 치의 망설임도 없이 이야기한다. 정말 이 정도면 '지속가능한 배리어프리 영화 및 콘텐츠 제작 환경 조성'이라는 대구센터의 목표는 어느 정도 달성된 것이라고 할 수 있지 않을까.

더 많은 관객을 만나기 위해

'책은 다른 이의 몸 안에서만 박동하는 심장이다'라는 리베카 솔닛의 말처럼 영화 역시 관객을 만날 때 비로소 살아 움직이며 의미를 갖는다. 대구센터가 배리어프리 영화의 유통과 배급을 고민하는 이유도 그래서다.

대구센터에서는 2019년 처음 배리어프리 영화제작과정을 시작한 이후, 많은 이들의 시간과 노력, 애정으로 만들어진 배리어프리 영화가 한 명의 관객이라도 더 만날 수 있도록 각고의 노력을 기울였다. 지역 영화제인 대구단편영화제에서는 배리어프리 섹션이 만들어졌고, 성서공동체FM의 '라디오 영화관'에서도 배리어프리 영화를 송출한다. 지난해부터는 <찾아가는 배리어프리 영화관 사업>으로 배리어프리 영화가 필요한 곳에 직접 찾아가서 영화를 상영하고 있다.

"시청각 장애인 당사자의 참여도가 생각보다 높지 않아서 고민이 많아요. 시청각 장애인 모니터링단을 모집하는 것도 생각해봤는데 아직 하지 못해서 올해는 그걸 꼭 해보고 싶고요, 공동체 상영도 더 많이 이루어지도록 하려고 해요." (조윤영)

배리어프리 영화가 비록 시청각 장애인만을 위한 것은 아니지만 그들에게 가장 필요한 부분이라고 생각했던 만큼 아쉬움은 크다. 생각해보면 시청각 장애인 당사자를 극장까지 오게 하는 것은 생각보다 어려운 일이다. 배리어프리 영화에 대한 정보가 전달되어야 하고, 극장까지 혼자 올 수 있어야 한다. 집에서 근처 마트에 가는 데만도 수많은 장애물이 있을 거라고 생각하면 극장에 오는 건 얼마나 어려운 일일지, 감히 짐작할 수도 없다.

시청각 장애인이 일상에서 자연스럽게 지역의 독립영화를 향유하는 것을 가로막는 수많은 장벽을 단숨에 허물 수는 없을 것이다. 그래도 해볼 수 있는 걸 먼저 해보자는 심정으로 조윤영 씨는 배리어프리 영화를 소개하는 카드뉴스를 만들고 음성 해설을 덧붙여 유튜브에 업로드했다. 일단 배리어프리 영화에 대한 정보라도 접할 수 있어야 할 것 같았다. 영화에 대한 정보를 보고 직접 보고 싶은 작품을 골랐으면 하는 바람을 담았다.

"특강을 해주셨던 시각장애인 강사님이 시사회에서 영화를 보고 '너무 재미있게 들었다'고 말씀해주셨는데 그때 정말 좋았어요. 다른 게 아니라 그냥 '재미있게 들었어요'라는 그 말을 듣고 이런 분들이 좀 더 많아지면 좋겠다, 재미있는 영화가 더 많이 만들어지면 좋겠다, 그런 생각을 했어요." (조윤영)

"더 많은 작품이 만들어지면 좋겠어요. 이번에도 네 작품 정도를 하고 싶었는데 작품 저작권료가 들어가다 보니 다 하지 못한 게 있었거든요." (정윤영)

<나만 없는 집>(2017, 김현정), <맥북이면 다 되지요>(2017, 장병기), <밸브를 잠근다>(2018, 박지혜), <찾을 수 없습니다>(2018, 엄하늘), <바람이 지나간 자리>(2020, 권순형), <엄마는 무엇을 잊었는가>(2020, 윤진), <조의봉투>(2020, 장주선), <APART>(2020, 채지희), <고백 할거야>(2021, 김선빈), <소설>(2021, 현승휘), <터>(2021, 조현서), <야행성>(2022, 박지수), <이립잔치>(2022, 남가원).

이 열세 개의 단편영화들은 모두 2019년부터 대구영상미디어센터 '배리어프리 영화제작과정'을 통해 제작된 배리어프리 영

화들이다. 또 어떤 영화들이 배리어프리 영화로 만들어질지, 또 어떤 사람들이 모여 배리어프리 영화 제작자로 거듭날지 몹시 궁금하다. 앞으로 대구·경북 지역의 더 많은 영화가 이 목록에 더해지고, 더 많은 사람이 배리어프리 영화로 다양한 세계의 문을 활짝 열고 들어가 함께 울고, 웃고, 공감하길 바라본다.

여성을 말하는 영화,
영화를 읽는 여성

모든 이를 위한
대중 강좌를 꿈꾸다

영상미디어센터 미디액트 여성영화 읽기교육

제8장 여성을 말하는 영화, 영화를 읽는 여성

모든 이를 위한 대중 강좌를 꿈꾸다

인터뷰   최은정 (영상미디어센터 미디액트 정책/미디어교육실)
김세영 (영상미디어센터 미디액트 창작지원실)

2002년 개관한 영상미디어센터 미디액트(이하 미디액트)는 국내 최초의 미디어센터이다. 생애주기별, 공동체별 미디어교육이 미디액트에서 처음 기획되었고, 공동체 미디어와 독립영화, 퍼블릭액세스 등 시민미디어 활동을 공공 영역에서 지원하는 역할 또한 미디액트가 시작점이었다. 또한 미디액트는 미디어교육자, 독립영화제작자, 공동체미디어활동가들의 성장 공간이자 거점 공간이기도 했다.

가만히 생각해보니 미디액트의 시작부터 지금까지 어느덧 20년이라는 시간이 흘렀다. 짧지 않은 시간임에도 함께 나아갈 길을 모색하며 같은 곳을 보았던 이들이 여전히 자기 자리를 지키고 있는 곳, 세월이 흘러도 변함없이 여전히 독립 · 대안 · 공동체 미디어를 위해 힘을 실어주는 곳. 미디액트는 그런 곳이었다.

코로나19로 모두가 힘들었던 2020년, 미디액트가 뚜벅뚜벅 또 무언가를 해냈다는 소문이 돌았다. 여성 영화 온라인 플랫폼 퍼플레이(이하 퍼플레이)와 협업하여 <여성을 말하는 영화, 영화를 읽는 여성>이라는 온라인 강좌가 열린 것이다. 비대면 교육으로 '온라인' 활용이 대두되고 있던 시기, 예민한 저작물인 영화를 온라인으로 감상하고 함께 이야기를 나눈다니, 너무나 매력적이었다. 처음 시도하는 일들은 어렵고 힘이 드는데, 코로나 시기에 이렇게 매력적인 기획이 어떻게 가능했던 것일까? 미디액트 교육 기획자 최은정, 김세영 씨를 만나 이야기를 들어보았다.

페미니즘, 젠더 관점[3]을 대중 강좌에서 다룬다는 것

보통 미디어센터는 정부나 지자체의 지원금을 통해 운영되기 때문에 공공 기관으로 분류되고, 미디어센터가 사업 운영을 위해 사용하는 예산의 출처가 세금이기에 다양한 제약이 존재한다. 그로 인해 현실적으로 미디어센터 미디어교육 현장에서는 정치, 종교, 젠더 등 특정 집단에 자칫 예민하게 다가갈 수 있는 주제나 쟁점을 다루기가 어렵다. 현재 미디액트는 정부나 지자체의 지원

---

3   젠더 관점(gender perspective) 또는 성인지적 관점이란 어떤 현상이나 개념 등을 성별 관점에서 바라보는 것이다. 예컨대, 출산율이 낮은 것을 사회 계급의 관점에서 보면, 노동자 계급의 추락을 원인으로 볼 수 있고, 지역의 분리 관점에서 보면, 발전된 지역과 덜 발전된 지역의 양극단화가 진행되어 덜 발전된 지역의 혼인율 하락을 원인으로 볼 수 있다. 또한 성(gender)의 관점에서 보면, 여성과 남성의 결혼에 대한 시각차와 여성혐오 사회에서의 출산에 대한 회의 등등이 원인으로 지목될 수 있겠다. - 출처 : 페미위키(https://femiwiki.com)

금 없이 독립적으로 운영되고 있어 이런 부분에서 자유롭기는 하지만, 영화진흥위원회 등 공공의 지원을 받던 설립 초기에도 미디어교육 운영 기조가 많이 다르지는 않았다.

미디액트는 초창기부터 젠더나 노동 등 민감할 수 있는 이슈들을 가지고 꾸준하게 사업을 진행해왔고, 특히 성소수자 공동체 라디오 교육, 여성미디어교육 교재 제작 등 젠더를 주제로 '국내 최초'의 타이틀을 가진 다양한 교육과 연구를 실행했다. 그래서 사실 2020년의 사업이 크게 특별한 것은 없었다. 다만, 시기상 사회적으로 젠더와 관련된 이슈가 사람들에게 크게 다가갔고, 그런 시대적인 흐름에 강좌가 잘 부합했던 것 같다는 담백한 설명이 덧붙여졌다.

"미디액트 교육 영역에서 여성과 젠더 관련 이슈는 꾸준히 다뤄왔기 때문에 사실 낯설지 않은 주제이긴 해요. 다만 예전과 달리 미투 이후 관련 이슈들이 굉장히 많이 등장하면서 사회적으로 좀 더 주목받았던 것 같아요." (최은정)

2020년, 여성 영화 읽기 교육을 기획했던 당사자인 김세영 씨는 2019년에 미디액트에 입사한 새내기 활동가였다. 입사 전에 페미니즘을 주제로 한 콘텐츠 제작팀을 운영한 이력이 있어서 미디액트에서 진행하는 사업에서 자신의 가치관과 이어질 수 있는 영역을 만들고 싶었다고 한다. 그러다 코로나19로 인해 비대면 교육을 고민해야 했고, 때마침 문을 연 퍼플레이와 함께 교육을 만들어보자는 논의가 미디액트에서 진행되었다.

인터뷰 사진 (좌)최은정 씨, (우)김세영 씨

"저는 여기서 무슨 기획을 해도 '이건 너무 과하다.' 혹은 '이
거 너무 위험하지 않냐?' 이런 말은 전혀 들어본 적 없는 것 같
아요. 오히려 교육의 기획과정에서 내부 논의나 어려움이 없
었는지를 묻는 질문을 보고 내가 그동안 엄청 자유로운 분위
기에서 일했구나 하는 것을 다시 생각해보게 되었어요." (김세
영)

기획자의 애정 + 온라인교육의 시너지

<여성을 말하는 영화, 영화를 읽는 여성>은 총 4회의 특강으
로 진행되었다. 1회차는 '여기 있습니다, 여성의 노동'을 주제로
영화 속 내용과 현실 사이를 오가는 방식의 강의가 진행되었다.
퍼플레이에서 <눈치껏>, <내 차례>, <밸브를 잠근다>, <돌아가
는 길>, <푸르른 날에> 총 다섯 작품의 영화를 감상한 뒤 강의에
참여하는 방식이었다. 2회차는 '코로나 시대, 퀴어의 공간'을 주

157

제로 영화 <퀴어의 방>, <당신과 나의 집>, <이발소 이씨>, <첫 외출>, <사빈과 아나>를 감상하였고, 3회는 '하지 않을 자유'를 주제로 <박강아름의 가장무도회>, <치마>, <강박>, <춤춰브라>, <면도>를, 4회는 '사적인 것들의 보편'을 주제로 <누구는 알고 누구는 모르는>, <콘크리트의 불안>, <개의 역사>, <모래>의 네 작품을 감상하였다.

이 교육에 참여한 사람은 4회를 통틀어 50여 명 가까이 된다. 처음 시도하는 온라인 강의였는데도 많은 호응을 얻어 성황리에 진행되었다고 볼 수 있다. 유튜브 실시간 생중계로 진행된 강좌에 대한 수강생들의 피드백도 대체로 긍정적이었다. 미디액트에서는 이 수업 이전에도 젠더 이슈를 다룬 유사한 강좌가 여러 차례 있었지만, 늘 이렇게 반응이 좋았던 것은 아니다. 이 교육이 이전과는 다르게 많은 사람에게 관심받을 수 있었던 이유는 무엇이었을까?

"교육 주제를 짤 때는 최대한 페미니즘에 인문학적 내용을 더해서, 페미니즘에 대해 잘 알지 못해도 쉽게 접근할 수 있는 주제를 네 가지 꼽았어요. 각각의 주제별로 하나의 강의가 구성되었다고 생각하시면 돼요." (김세영)

"관심 있는 누구나 올 수 있는 초급 강좌이기도 했고, 공통의 관심이 맞닿는 지점도 있었어요. 강좌가 열린 시기에 젠더 이슈에 대한 사회적 시선이 관대해졌던 점도 크죠. 거기에 담당자의 관심사가 녹여지면서 더 열심히 하게 되고 결과가 더 좋아진 것 같아요." (최은정)

기획자들의 이야기를 들어보니 이 강좌가 인기몰이했던 비결이 촘촘히 드러난다. 누구나 접근이 쉬운 내용 설정을 통해 여성 영화 읽기라는 주제에 대한 벽을 낮추었고, 4회의 강좌를 이어서 진행하지만, 각 강좌를 완결성 있게 특강 형태로 구성한 점도 장점으로 작용했다. 더불어 '온라인 생중계 플랫폼 활용'이라는 새로운 강좌 운영 방식 또한 긍정적으로 평가된다.

처음 강좌가 온라인으로 기획된 것은 코로나19가 확산되고, 대면 교육이 무기한 중단되면서 대안이 필요했기 때문이었다. 어떤 수업을 온라인으로 진행할 수 있을지 고민하다가 장비를 사용하지 않는 방식으로 진행할 수 있는 영화 읽기 수업이라면 가능하지 않을까 생각했다고. 물론 단순히 형식적인 측면으로만 접근한 것은 아니었다. 미디액트의 주요 이용자 그룹에 대한 분석을 보면 여성 비율이 조금 더 높고, 20대~30대 이용자가 다수를 차지한다. 이 연령대에 온라인 강좌는 어렵지 않게 다가갈 수 있을 것이라는 생각도 있었다.

실제로 참여층을 분석해보니, 여성 영화 읽기 온라인 강좌에 참여한 사람들의 성별은 모두 여성이었고, 연령대는 의외로 20대 초반부터 60대까지 폭이 넓었다. 지역분포는 오프라인 강의보다 훨씬 다양했다. 서울에 위치한 미디액트를 자주 이용하던 사람들은 물론이고, 지역에 있는 이들과 해외에서 접속하는 이들까지 참여자 그룹이 굉장히 넓었다. 생중계형 플랫폼을 활용한 것도 참여자들이 강좌에 접근하는 데 큰 어려움이 없도록 진입 문턱을 낮추기 위한 것이었다.

"코로나 시기를 겪으면서 이런 이야기를 많이 들었어요. (수강생) 본인이 미디액트 수업을 듣고 싶었는데 지역에 있어서 그동안 갈 수가 없었다, 이번 기회에 온라인으로 수업 들어서 너무 좋다고... 또 어떤 강사분은 원래도 수강생 폭이 넓은 편이었는데 온라인 강좌를 기점으로 더 넓어지고 있는 것 같다고 이야기하기도 하셨어요." (최은정)

김세영 기획자는 강좌의 기획 단계보다 진행 과정에서 더 어려움이 많았다고 한다. 보통의 대면 교육은 기획하고 강의 준비를 하면 사전 업무가 끝나는데, 온라인교육은 중계와 송출이 실시간으로 이루어져야 하다 보니 업무가 끝나지 않았다. 게다가 아무리 사전에 장비를 설치하고 모든 확인을 다 한다고 해도 생방송 중 갑자기 발생하는 변수들 때문에 잠시도 긴장을 늦출 수 없었다. 사전테스트를 통해서 미리 장비도 설치해보고 확인해야 할 것도 많았지만, 제일 힘들었던 것은 생방송에서 갑자기 발생

하는 오디오 장비 구동 문제나 인터넷 송출 속도와 같은 변수들
이었다고 한다.

> **"생중계하는 날 장비 일정, 기술팀 선생님의 스케줄, 이런 것
> 들을 계속 리마인드하고 챙기느라 정신이 없었죠. 장비 설치나
> 테스트도 많이 했던 것 같아요. (중략) 생방송 사인 떨어지고
> 조정할 수 없는 상황에서 갑자기 문제가 생기면 정말 아찔한
> 거예요." (김세영)**

이렇게 기존의 업무에 비해 어려움이 컸음에도 기획자가 끝
까지 온라인 강좌에 애정을 가지고 열심히 준비할 수 있었던 것
은 이 강좌가 자신의 정체성과 맞닿아 있는 중요한 강좌였기 때
문이다. 김세영 기획자는 페미니스트로서 본인의 정체성을 업무
와 연결하여 확장해 볼 수 있는 기회라고 생각했고, 미디액트에
서 함께 근무하면서 옆에서 지켜보는 동료들의 공감과 지지가 도
움이 되었다고 했다.

> **"저는 페미니스트로서 제가 뭔가 업무적으로 할 수 있는 연결
> 고리를 찾아서 되게 뿌듯했고, 미디액트가 그걸 펼칠 수 있게
> 해주는 곳이어서 좋았어요." (김세영)**

여성영화 온라인 플랫폼 '퍼플레이'와의 윈윈전략

온라인으로 여성 영화 읽기 강좌를 하기로 결정하고, 기획자가
가장 고민했던 것은 온라인 상영에 대한 부분이었다. 온라인 생

중계 형태로 상영하게 되면 영화 저작권 침해의 위험성이 있어서 배급 자체가 어렵거나, 강좌가 폐쇄적으로 운영될 가능성이 있었다. 미디어 동향과 생태계를 꾸준히 살피고 있던 미디액트에서 대안적 방법으로 떠올린 것이 바로 퍼플레이였다.

"처음 기획안을 쓰는데 온라인으로 강좌를 진행해 본 경험이 없다 보니, 어디까지 어떻게 구현이 가능한지에 대한 공백이 있는 상태였어요. 퍼플레이에서 영화를 온라인으로 배급하고 있고, 그 영화 자료로 교육자료를 대체하면 그 부분을 해결할 수 있겠다 싶었죠." (김세영)

퍼플레이는 '언제나 가까운 여성영화'를 모토로 운영되는 온라인 영상 플랫폼이다. 다양한 콘텐츠를 통한 성평등한 문화 확산을 미션으로 영화 스트리밍 서비스 제공, 웹 매거진 운영, 여성 영화 관련 캠페인 등의 활동을 활발히 진행하고 있다. 미디액트와 퍼플레이의 협업이 결정되고, 두 단위가 함께 강좌를 기획하면서 고안한 방식은 강의는 생중계로 실시간 소통을 통해 진행하되, 영화는 수강생들이 개별적으로 감상할 수 있는 가이드를 제공하는 것이었다. 참여자들이 수강 신청을 하면, 해당 수업의 자료가 되는 영화 쿠폰이 제공되는 방식이었다. 수강생들이 각자 미리 영화를 보고 수업에 참여하는 방식이라 사전에 수강생들과 긴밀한 소통이 필요했고, 미디액트는 해당 수업을 위한 온라인 커뮤니티를 만들어서 필요한 공지사항과 수업 참여 방법에 대한 안내를 제공했다.

"각 강좌를 진행하는 강사들이 퍼플레이에 있는 영화를 선정

해서 알려주세요. 그럼, 미디액트는 수강생들에게 사전에 공지하죠. 영화 리스트 중에서 몇 편을 보고 오시라, 이렇게요. 퍼플레이 쿠폰 사용 방법도 따로 밴드로 알려드리고, 영화 감상 기간도 언제까지다, 이렇게 계속 온라인 공간을 통해서 안내했어요." (김세영)

이 강좌는 미디액트와 퍼플레이가 협업한 첫 번째 결과물이다. 강좌에 대한 콘셉트를 잡고 기획을 시작한 것은 미디액트였지만, 강좌가 실현되는 과정에서 '퍼플레이'의 도움 없이는 세부 기획이 어려웠다. 퍼플레이 또한 미디액트의 제안으로 시작된 이 온라인 강좌를 기점으로 다양한 기관들과 연계 강의를 운영하거나 영화제와 함께 온라인 상영을 진행하기도 하는 등 새로운 방식으로 활동을 확장하는 계기가 되었다.

두 단위가 긴밀하게 연계하여 기획한 강좌인 만큼 협업 과정이 궁금해졌다. 두 기관 모두 여성 영화 활성화를 위한 활동을 각자의 영역에서 진행하고 있었고, 처음 시도해보는 온라인 강좌였기 때문에 기대만큼 어려움도 있었으리라 추측했다. 특히 수업의 텍스트이자 주제가 되는 '영화'를 어떤 방식으로 어떻게 선정했는지 궁금했다.

"강의 회차마다 주제별 후보 영화들을 리스트로 만들어서 퍼플레이 기획자에게 보내요. 그럼 그걸 보고 의견을 보태기도 하고, 다른 영화가 좋을 것 같다고 추천해주기도 했어요. 제가 못 본 영화의 경우 퍼플레이에서 결제한 뒤에 보기도 했어요. 이렇게 두 단위에서 협의를 거쳐서 5~6개 정도 주제별 감상 영화 후보를 정해요. 그리고 최종적으로 강의를 진행하는 강사

가 한 번 더 검토해서 감상 영화를 확정하는 순서로 진행했어요." (김세영)

영화를 선정할 때의 기준은 외려 단순했다. 수업을 진행하는 동안 퍼플레이에서 볼 수 있는 영화일 것, 그리고 강의 주제에 적절한 영화일 것. 굳이 한 가지 조건을 더 붙이자면, 기획자가 알고 있거나 공부했거나 관심 있는 주제들을 담은 영화라는 점 정도였다. 아는 만큼 보인다고, 잘 알아야 좋은 강좌를 기획할 수 있는 것이 아니겠는가.

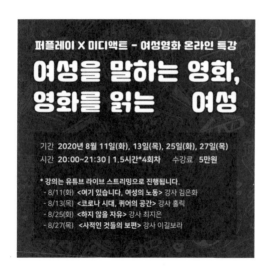

미디액트와 퍼플레이가 서로의 제안을 수용하고 협업한 덕분에 많은 사람이 적절한 시기에 양질의 강좌를 들을 수 있었다. 미디액트는 수강생들에게 교육자료를 온라인으로 볼 수 있는 환경을 제공할 수 있었고, 퍼플레이는 운영하는 영상 플랫폼을 보다 많은 이들에게 알리는 기회를 만들 수 있었다. 결과적으로 미디액트와 퍼플레이는 이 강좌를 통해 서로를 성장시키는 경험을 할 수 있었던 것 같다.

> **"퍼플레이와 처음으로 함께 만든 교육 모델이라 의미가 있었어요. 코로나 시기에 뭔가 새로운 시도를 할 수 있었고, 평소 지지하고 응원하던 여성 영화 온라인 플랫폼과 함께하는 계기도 만들 수 있었으니까요."** (최은정)

수강생 반응도 매우 적극적인 편이었다. 강사가 하는 이야기에 채팅을 통해 본인의 경험이나 주변 사례를 공유하기도 하고 적극적으로 느낀 것을 표현해주었다. 여성의 노동과 안전에 대한 주제로 이야기를 나누었던 1회 강좌에서 강사가 여성의 안전 문제에 대한 제도의 안일함을 짚어내며 '호루라기를 가지고 다녀라'라는 누군가의 말을 인용하자 채팅창은 그야말로 불이 났다. '호루라기는 정말 어이없다.', '그걸로 해결될 거라고 생각하는 것 자체가 참...', '여성의 안전 문제가 제일 값이 싼 것 같다'

온라인 플랫폼이라 다소 제한된 방식이긴 했지만, 강사는 말로, 수강생은 글로 서로의 이야기에 호응하며 적극적인 소통이 이루어진 강좌, <여성을 말하는 영화, 영화를 읽는 여성>. 어쩌면 많은 이들이 그동안 이런 이야기를 함께 할 수 있는 공간이 필요했던 건지도 모르겠다.

[퍼플레이X미디액트 온라인 특강]
여성을 말하는 영화, 영화를 읽는 여성

1강. 여기 있습니다, 여성의 노동

2020년 8월 11일 오후 8시부터 라이브 스트리밍으로 진행합니다.

강사 **김은화** 작가

함께 보면 좋은 영화 눈치껏 | 내 차례 | 밸브를 잠근다 | 돌아가는 길에 | 푸르른 날에

더 나은 대중 강좌를 위한 시도

여성 영화 읽기 온라인 강좌를 시작으로, 미디액트에서는 다수의 온라인 강좌에 대한 실험이 진행되었다. 2020년, 온라인 강좌 운영에 대한 여러 차례의 경험이 쌓이면서 교육팀과 기술팀은 그야말로 합이 좋은 '생중계 베테랑'이 되었다.

온라인 교육의 장단점에 대해 두 기획자에게 물어보았다. 장점으로는 강좌 진행 내역이 기록된다는 점과 강사와 참여자들의 거주지와 관계없이 접근이 가능한 점을 꼽았고, 단점으로는 참여자들과의 소통이나 관계 형성의 어려움, 자료 배포에 대한 한계(교육용 자료의 저작권, 강사 초상권)를 꼽았다.

> "온라인 수업은 기록이 된다는 점이 좋아요. 예전에 참여자 수요가 있어서 촬영을 두 번 하지 않고 강사분과 협의해서 이전에 제작한 온라인 영상 콘텐츠를 다시 활용한 적이 있었어요."
> (김세영)

166

"오프라인 워크숍에서 쉬는 시간에 나누는 이야기나 수업 끝나고 하는 뒤풀이 같은 게 교육에 있어서 정말 중요하다는 것을 새삼 느꼈어요. 온라인의 경우 참여자 간의 친밀도나 동료 의식, 일정한 공감대 같은 걸 만들기가 어려우니까요." (최은정)

온라인 수업을 시작한 지 3년 차가 된 지금은 가급적 오프라인 방식으로 교육을 운영하고 있다. 미디액트 수업의 목표는 교육 과정 이후 미디어 활동을 하고자 하는 사람을 남기는 데 있기 때문에 온라인보다는 면대면 방식을 우선시하는 것이다. 물론 여기에는 장비를 활용하거나 실습 위주의 수업이 많은 이유도 한몫한다.

그렇다고 온라인 수업을 완전히 배제하는 것은 아니다. 바뀌고 있는 미디어 환경으로 미루어볼 때 앞으로 온라인 수업은 필요하겠다고 생각한다. ZOOM 화상회의 방식처럼 폐쇄형 온라인 강의나 TED 강연과 같은 짧지만 질 높은 사전 제작 영상 강의, 영상 플랫폼을 활용한 생중계 방식의 강의 등 각각의 장단점을 고려했을 때 미디액트 교육 구성에 맞는 온라인 수업 방식은 무엇일지에 대한 고민이 있다. 또한 온라인 수업의 한계점을 보완하기 위한 좀 더 진화된 형태의 새로운 수업 모델을 어떻게 만들 수 있을지 고민하고 있다.

일례로 얼마 전에 미디액트에서는 사회적인 이슈를 심도 있게 다루는 콘셉트의 다큐멘터리 제작 과정 수업이 개설되었다. 참여자를 서울 인근에서만 모집하기보다 전국에서 정말 이 부분에 관심 있는 사람들과 같이 해보자는 방향으로 의견이 모아졌다. 참여자가 전국에 떨어져 있으니 온·오프라인을 병행한 방식으로 교육을 진행했다. 전체적인 이론, 기획과정은 온라인으로 진행하고, 실습은 주말에 오프라인으로 몰아서 하는 방식이었는데 수강생 반응도 좋고, 결과물도 강좌 의도에 부합하는 양질의 영상들이 나왔다고 한다.

상상하는 미래를 지금 미리 준비하자!

온라인 강좌가 아니더라도 미디액트가 기획하는 강좌들은 언제나 흥미롭고 트렌디한 느낌이 있다. 아무래도 주요 수강 그룹이 영상과 예술영화, 독립영화 분야에 종사하는 사람들의 비중이 높다 보니 강좌별로 선호도가 뚜렷한 편이라고 한다. 그러다 보니 강좌를 기획하면서 자연스럽게 트렌드 분석을 하게 된다고 한다. 앞으로의 미디액트 교육에 대한 두 기획자의 의견을 물어보았다.

현재 미디액트에서 교육과 정책 분야를 맡고 있는 최은정 씨는 구체적인 미래에 대한 전망과 준비가 필요하다는 이야기를 전했다.

"소장님이 우리의 상상에 대한 준비를 지금부터 시작해야 한다는 이야기를 자주 하셨어요. 생각보다 그 상상이 더 빨리 구현될 수 있으니 지금 아무것도 하지 않으면 안 된다고. 이번에 코로나를 겪으면서 확실히 느꼈어요. 앞으로 무엇이 올지 모르지만 우리는 지금 바로 상상한 미래에 대한 준비를 시작해야겠다고 생각해요. (중략) 미디액트 특성상 사람들이 관심을 많이 갖거나 열망하거나 추구하는 것에 대해 계속 검토할 수밖에 없는 것 같아요. 재정적 여력이 부족해서 다음 단계 기획이나 사업을 자유롭게 실행하기 어려운 건 아쉽지만, 더 미루면 안 될 것 같아요." (최은정)

김세영 씨는 현재 맡고 있는 업무가 달라져서 예전처럼 교육 업무를 주로 하고 있지는 않다. 그래도 여전히 자신의 가치관과 미디액트의 활동 기조를 지키기 위해 노력하고 싶다는 말을 남겼다.

"제가 하는 일에서 가능하면 페미니즘 이슈나 LGBTQ 이슈를 녹여내려고 노력해요. 예민하게 보이는 주제라서 이런 활동이 선택되지 않더라도 여러 가지 선택지 중 하나로 균형감을 가지고 꼭 포함하려고 노력하고 있습니다." (김세영)

워낙 빠르게 변화하는 미디어의 세계에서 미디액트는 언제나 그렇듯 열일 중이다. 국내 첫 미디어센터라는 명망에 걸맞게 지금까지 꾸준히 독립적으로 운영하며 자리를 지켜준 미디액트의 일원 모두에게 박수를 보낸다. 누구나 언제든 미디어에 접근하고, 미디어를 향유하고, 미디어로 소통할 수 있게 만드는 기반인 '미디어센터 미디어교육'은 바로 이곳, 미디액트 미디어교육에서 시작되었다. 때로는 힙하게, 때로는 카리스마 있게 미디액트 미디어교육이 지금처럼 선명한 색깔로 뚜벅뚜벅 계속되기를 열렬한 마음으로 바란다. 응원을 넘어 염원을 싣고, 앞으로의 20년 또 한 번 가보자!

낯선 것을 익숙하게,
시민들에게 한층 더
가까이 다가가기

변화의 물결 속에서
길을 찾아나가는 미디어교육

주안영상미디어센터 소상공인 라이브커머스 교육

제9장

낯선 것을 익숙하게, 시민들에게 한층 더 가까이 다가가기

변화의 물결 속에서 길을 찾아나가는 미디어교육

인터뷰   박예솔 (주안영상미디어센터 미디어교육팀)

2021년 어느 날, 인천 미추홀구청에서 한 통의 전화가 걸려왔다. 주안영상미디어센터(이하 주안센터)에서 미추홀구 소상공인을 지원하는 교육을 해줬으면 좋겠다는 요청이었다.

"미추홀구에 통신 판매업자들이 많은데 그분들을 지원해줬으면 한다고 했어요. 저희 사업 영역에 지역 기관 지원 사업이라고 있거든요. 소상공인 대상 교육은 생각해 본 적이 없어서 그때부터 고민을 시작했죠." (박예솔)

인터뷰 사진 박예솔 씨

라이브 커머스, 미디어센터의 새로운 지원 영역

소상공인 통신판매업자는 한 번도 생각해 본 적 없는 교육 대상이었다. 주안센터 미디어교육팀은 구청의 요청을 받은 후 어떤 지원을 할 수 있을까 고민하며 소상공인에게 필요한 지원이나 교육 사례를 찾아보았다. 마침 서울시에서 소상공인 지원 사업이 활발하게 이루어지고 있었고, 그중에 라이브 커머스 교육이 있었다. 라이브 커머스(live commerce)는 라이브 스트리밍(live streaming)과 전자 상거래(e-commerce)의 합성어로 실시간으로 상품을 소개하고 판매하는 온라인 쇼핑 채널이다. 미디어 기술이 빠르게 발전하고 새로운 종류의 미디어가 나타나면서 미디어센터에서 다루는 미디어가 여러 방향으로 확장되기는 했지만 라이브 커머스를 고민했던 적은 없었다. 미디어센터가 갖고 있는 공공성을 생각했을 때 상업적인 영리 활동을 위한 플랫폼인 라이브 커머스를 지원하는 게 적절한지 의문을 가질 수밖에 없었다.

하지만 그때는 갑작스럽게 닥친 코로나19 사태가 장기화되며 상인들, 특히 소상공인들이 피해를 직격탄으로 맞으며 자구책을 찾는 시기였다. 라이브 커머스를 상업적인 면에만 초점을 맞춰 바라보면 미디어센터가 개인의 영리 활동을 위한 교육을 지원하는 게 맞는지 질문하게 되지만, 변화하는 환경에서 새로운 미디어 기술을 활용하지 못하는 시민의 입장에 초점을 맞춰보면 그건 접근과 활용의 문제였다. 게다가 소상공인에게는 생계가 달린, 아주 중차대한 문제였다. 라이브 커머스는 그들에게 새로운 활로가 되어줄 것이 분명했다.

"자료조사를 하면서 서울시 사례를 보고 우리 센터에 맞는 라이브 커머스 교육을 진행해 보기로 했어요. 그 후에는 제품 사진 촬영과 보정 교육을 하기로 기획했고요." (박예솔)

라이브 커머스는 기존 홈쇼핑 방송과 비슷하지만, 모바일 접근이 쉽고 실시간으로 쌍방향 소통을 한다는 점이 다른데, 코로나19로 시작된 온택트 물결을 타고 주요 유통 채널로 자리 잡았다. 따라서 라이브 커머스 교육의 핵심은 온라인에서 예비 구매자인 시청자와 활발하게 소통하며 상품을 판매할 수 있는 기본기를 갖추는 것이라고 할 수 있다.

주안센터에서 기존에 진행해 왔던 교육과는 확연히 결도 다르고 내용도 달랐기 때문에 라이브 커머스 교육을 전문적으로 진행할 수 있는 강사를 섭외하는 게 필요했다. 교육 참여자들이 실질적이고 전문적인 교육을 받을 수 있도록 라이브 커머스 전문 교육 업체를 수소문해 강사를 초빙했다.

첫 교육은 6회차로 진행되었다. 참여자들은 강사의 지도를 받으며 제품의 판매 포인트를 잡고 라이브 커머스 방송을 구상했다. 제품의 장점을 매력적으로 어필하는 동시에 정확하게 내용을 전달할 수 있도록 보이스 트레이닝도 거쳤다. 식품, 가전, 인테리어 소품 등 제품군별로 판매 스킬을 전수받기도 했다.

라이브 커머스 방송의 기본적인 세팅 방법과 마케팅 방법까지 익힌 후에는 카카오톡의 라이브톡 기능을 활용하여 실제 방송처럼 참여자가 판매자가 되어 제품 설명을 진행했다. 나머지 참여자들은 실시간 채팅으로 실제 구매자처럼 질문을 던졌다. 방송을 진행하는 판매자는 제품 소개와 원활한 댓글 소통의 방법을 배우고, 강사와 다른 참여자들의 피드백을 받으며 부족한 부분을 보완해 나갔다. 교육은 매 회차 실전처럼 진행되었다.

"아무래도 다들 처음에는 카메라 앞에 서는 것이 두렵기도 하고 부끄럽기도 하니까 조금 어려워하셨는데, 여러 번 실습을 진행하면서 그런 부분들이 많이 해결된 것 같아요." (박예솔)

20~25명 정도 되었던 교육 참여자들은 모두 주안센터가 있는 미추홀구에 주소지를 둔 통신판매업자들로 연령대도, 사업 영역도 다양했다. 하지만 다들 비슷한 고민을 하는 사업자라 그런지 참여자들 간 교류는 매우 활발하게 이루어졌다. 참여자들은 교육이 끝난 이후에도 단체 채팅방에서 라이브 커머스 방송 소식을 알려주며 근황을 전하고 때로는 가게 개업이나 이전 소식을 전하기도 했다.

"쿠키를 판매하던 참여자가 계셨어요. 조그만 가게를 내서 수제 쿠키를 판매하셨는데 매번 수업 때 쿠키를 가져오셔서 피드백을 받고, 그다음 수업에 보완해서 가지고 오시고. 정말 열

정적이었어요." (박예솔)

교육의 목적이 뚜렷했기에 교육에 참여하는 참여자의 의지도 남달랐을 것이다. 게다가 똑같이 암담한 터널을 지나며 비슷한 고민을 하는 이들이 모여 서로를 응원하고 격려하니, 그것만으로도 큰 힘이지 않았을까.

라이브 커머스 교육에서 방송지원사업까지

라이브 커머스 교육은 참여자들의 열띤 참여로 매 회차 뜨거운 분위기 속에서 진행되었지만 생각지 못한 문제가 있었다. 라이브 커머스 채널 중 가장 많은 접속자를 가지고 있는 네이버에서 방송하려면 권한이 필요했는데 권한을 받기 위한 조건이 까다로웠다. 네이버 스토어에 3개월 동안 누적 매출이 일정 금액 이상이 되어야 하고, 매달 직전 3개월 매출에 따라 등급을 새로 매기는 방식이다. 일정 금액 이상의 매출을 꾸준히 지속하는 것은 소상공인들에게는 꽤 높은 문턱이다.

물론 방송 권한 없이 자유롭게 방송을 할 수 있는 채널도 있기는 했다. 하지만 네이버에 비해 접속자 수가 많지 않고, 따로 애플리케이션을 깔아야 할 뿐 아니라 수수료가 15%로 굉장히 높았다. 그 때문에 주안센터에서는 이듬해에 라이브 커머스 방송지원사업을 기획하게 되었다.

> **"처음에 이 사업을 기획할 때는 라이브 커머스랑 제품 사진 촬영 교육만 있었거든요. 그런데 참여자분들이 방송 연습을 하고 나서 실제로 방송을 해보고 싶은데 매출 기준 때문에 개별적으로 방송을 하기가 쉽지 않은 거예요. 참여자들의 요구도 많이 있어서 교육의 확장성을 고려해서 방송지원사업을 운영하게 됐어요." (박예솔)**

라이브 커머스 방송지원사업은 실제 방송을 운영할 수 있는 업체를 섭외하여 진행했다. 방송을 진행하는 전문 쇼호스트와 기술 스태프가 방송을 진행하니 안정적인 방송 운영이 가능했다. 참여자들은 혼자서 방송해야 한다는 부담감을 내려놓고 전문 쇼호스트와 함께 조금 더 편안하고 즐겁게 방송을 할 수 있었다.

하루 3개 팀씩, 16개 팀이 참여한 라이브 커머스 방송은 누적 접속자 14만 6천 명으로 집계됐다. 판매 금액까지는 파악할 수 없지만 '미추홀구 소상공인들의 라이브 판매 방송'이라는 이름이 걸린 방송에 대한 일반 소비자들의 높은 관심과 호응은 참여자들에게 상당한 동기부여가 되었을 것이다.

예상 외의 흥행, 사진 촬영·보정 교육

라이브 커머스 교육 못지않게 참여자들의 참여율과 만족도가 높았던 교육은 제품 사진 촬영·보정 교육이었다. 라이브 커머스 교육 참여자 중에는 혼자서 실시간으로 방송하는 건 무리라는 판단에 중도 탈락하는 경우도 있었는데, 그런 참여자들도 제품 사진 촬영·보정 교육에는 들어와 수업을 들었다. 라이브 커머스 방송을 하지 않더라도 온라인으로 제품을 판매하려면 제품 사진이 필요하기 때문이다.

"상세 페이지에 제품 사진이 올라가야 하잖아요. 그런데 이걸 전문 스튜디오에서 진행하면 비용이 만만치 않다고 하더라고요." (박예솔)

　　아무래도 영세한 소상공인들에게 전문 스튜디오에 들어가는 비용을 투자하는 건 쉽지 않은 일일 것이다. 주안센터는 미추홀구 소상공인 지원의 일환으로 제품 사진 촬영·보정 교육을 기획하고, 간단하게 책상 하나를 꾸며 스마트폰으로 사진을 찍어볼 수 있도록 했다. 반응은 폭발적이었다. 라이브 커머스 교육보다 출석률도 좋았고, 촬영할 과일이나 액세서리를 직접 들고 올 정도로 참여 의지가 높았다.

　　6회차로 진행된 교육에서 참여자들은 사진 구도의 기본과 노

출, 화이트 밸런스와 같은 기초적인 개념에 대한 이론 수업을 듣고 다양한 제품을 직접 촬영해보며 제품이 돋보이는 배경을 만드는 법이나 공간감을 살리는 방법, 조명으로 색감을 살리는 방법, 거울 반사를 활용한 촬영 방법 등 다양한 사진 연출 방법을 실습했다. 이후엔 스마트폰의 애플리케이션을 활용해 사진을 보정해 보았다.

누구나 쉽게 사용할 수 있는 스마트폰을 이용한 촬영과 보정이었기에 미디어 기술에 익숙하지 않은 사람들도 수월하게 접근할 수 있었다. 결과물 역시 만족스러웠다. 스마트폰을 이용해 찍은 것이라고 하기에는 믿기 어려울 정도로 멋진 사진에 참여자와 기획자 모두 입을 다물 수 없었다.

새로운 미디어 환경에 미디어센터도 적응 중!

2021년 미추홀구의 제안으로 처음 시작된 지역 소상공인 대상 미디어교육은 교육의 효과성과는 별개로 주안센터 기획자들에게 많은 질문을 남겼다.

"코로나19처럼 새로운 상황에서 라이브 커머스 뿐 아니라 기존 미디어센터의 사업과는 다른 영역에 대한 요구들이 들어왔을 때 센터에서 어떤 기준을 가지고 판단할지 고민해보는 게 좋을 것 같다는 생각을 해보게 된 것 같아요." (박예솔)

미디어센터의 역할에 대한 질문부터 이어지는 여러 가지 질문들에 주안센터는 다양한 시도와 공부를 통해 그 답을 찾아 나가고 있다.

새로운 환경, 새로운 미디어에 대해 빠르게 적응하고 대응하고자 주안센터는 미디어교육 교사를 대상으로 VR체험 강사양성 교육을 진행했다. 단순한 체험을 넘어서 VR을 활용한 교육안을 개발하기 위한 교육이었고, 다양한 의견이 나왔다. VR을 이용할 수 있는 다양한 프로그램을 고민하다가 VR드로잉을 접해본 주안센터 미디어교육팀은 VR드로잉 체험과 전시를 해볼 계획을 세우고 있다고 한다. 이런 뉴미디어 체험과 교육은 이전에도 있었지만 지난 2022년 센터에 미디어파크가 조성되면서 프로그램에 대한 고민이 더욱 깊어졌다. 미디어파크는 오픈 방송 스튜디오, 라디오 스튜디오, 드론 체험관, VR체험관, PC교육실로 이루어진 공간으로 메타버스, VR, AR 등 새로운 미디어 기술을 경험하고 배우고 활용할 수 있도록 조성되었다. 사진, 라디오, 영상과 같은 전통적인 미디어를 배우고 활용하는 것을 넘어서서 빠르게 발전하는 미디어 기술을 접하고 활용해보는 경험을 하는 데 있어 지역 미디어센터가 중심이 되고자 하는 의지가 담겨 있다고 할 수 있을 것 같다.

　그 일환으로 무인 주문기(키오스크) 사용이 어려운 시민들을 위해 키오스크 사용법 교육을 계획하고 있다. 실제와 같은 키오스크를 미디어파크에 비치하고, 패스트푸드, KTX, 커피숍, 영화관처럼 일상에서 쉽게 접해볼 수 있는 상황에 맞춰 메뉴를 바꿔가며 연습해볼 수 있게 하는 것이다. 실제 상황처럼 계산까지 해볼 수 있는 카드가 마련된다니, 키오스크 때문에 주문이 두려운 시민들에게 이보다 반가운 소식이 있을까.

　그 외에도 코딩으로 만드는 미디어아트, 프로젝션 매핑, 드론 항공 촬영 교육 등 아직은 시민들에게 익숙하지 않은 뉴미디어

강의를 다양한 방식으로 진행할 계획을 갖고 있다. 이것이 끝이 아니다. 계속해서 변화하는 미디어 환경에 대한 흐름을 이론적으로 이해하고 그것이 의미하는 바를 인문학적으로 접근할 수 있도록 메타버스와 인공지능과 관련된 강의 역시 운영할 예정이다.

물론 소상공인 통신판매 사업자들을 위한 지원사업도 계속된다. 올해는 그들이 개인 사업자로서 자립할 수 있는 것을 목표로 제품 사진 교육 이외에도 마케팅 광고 기법에 대한 교육을 진행해 볼 계획이다.

아무리 미디어센터 스태프라고 해도 공부하지 않으면 변화하는 환경, 진화하는 기술을 따라잡을 수 없다. 직접 부딪혀보고 경험해보면서 기획자는 시민들이 어떤 측면에 매력을 느끼고 접근할 수 있을지, 어떤 과정으로 교육이나 체험을 진행할지, 기술 이외에 놓치지 말아야 할 개념은 없는지 파악하고 실질적인 사업으로 연결해나갈 수 있다는 점에서 주안센터의 끊임없는 공부와 새로운 시도는 귀감으로 삼아도 좋지 않을까. 아무리 낯선 것이라도 계속 공부하고 실행하며 부딪혀나가다 보면 우리를 덮쳐오는 새로운 물결 속에서 앞으로 나아가야 할 길을 찾을 수 있을 테니 말이다.

개인과 지역의 고유한 이야기를 길어 올리고 연결하기

미디어센터의 새로운 역할을
고민하는 미디어교육

원주영상미디어센터 가벼운 아카이빙북 클럽 교육

제10장   개인과 지역의 고유한 이야기를 길어 올리고 연결하기

미디어센터의 새로운 역할을 고민하는 미디어교육

인터뷰   홍성현 (원주영상미디어센터 공동체미디어교육팀)
오현택 (가벼운 아카이빙북 클럽 1기 참여자)

"이거 참여자분이 미싱기로 직접 박음질까지 다 한 거예요. 오늘 같이 뜯어보려고 가지고 왔습니다." (홍성현)

인터뷰 사진 홍성현 씨

　참여자가 직접 박음질해서 만들었다는 한지 포장지를 조심스레 뜯는 원주영상미디어센터(이하 원주센터) 홍성현 씨의 얼굴에 뿌듯한 미소가 번졌다. 포장지를 열자, 원주의 곳곳이 담긴 다양한 형태의 작업물이 각기 다른 매력을 뽐내며 쏟아져 나왔다.

원주의 모습을 담은 드로잉으로 만든 달력, 이제는 사라지고 없는 동네 골목길을 촬영한 사진으로 만든 엽서, 학창 시절의 일기, 쪽지 같은 개인의 기록과 학교의 모습을 콜라주 형태로 만든 소책자, 원주 치악산의 풍경을 담은 포스터…. 이것들은 지난해 '가벼운 아카이빙북 클럽'의 구성원들이 원주를 다양한 형태로 기록하고 만든 아카이빙 작업물이다.

지역과 개인의 고유한 이야기에 대한 관심

'가벼운 아카이빙북 클럽'(이하 '가아클')은 2021년, 원주를 기록하는 커뮤니티 모임을 만들기 위한 교육으로 시작되었다. 미디어센터에서 일한 지 이제 4년 차가 된 홍성현 씨는 대학을 원주에서 다녔지만, 이전에는 원주에 대한 관심이 크지 않았다. 원주에 터를 잡고 일을 하기 시작하면서 비로소 원주라는 지역에 대한 궁금증이 생겼고, 도시 개발로 오래된 것이 점점 사라져가는 모습을 바라보며 더 늦기 전에 원주의 모습을 기록하고 싶어졌다고 한다.

기획자 개인의 관심이 아니더라도 지역과 지역민들의 이야기를 발굴하고 기록하는 것, 공동체 내의 다양한 목소리가 활발하게 터져 나오고 서로 연결될 수 있게 지원하는 것은 지역미디어센터의 중요한 역할 중 하나다. 원주센터에서는 이전에도 어르신들의 자서전 만들기나 공동체 라디오 교육 등을 통해 개인이 가진 고유한 역사와 이야기를 표현하고 이를 더 많은 사람과 함께 나눌 수 있는 교육을 꾸준히 진행해왔다.

비단 교육 사업뿐만이 아니다. 지역의 오랜 역사가 스며있는 공간을 기록하거나 보존하기 위한 활동에 지역 공동체의 일원으로서 적극적으로 참여하기도 했다. 한때 원주시민들의 가장 큰 문화공간이자 커뮤니티 공간이었던 단관 극장 '아카데미 극장'이 철거 위기에 놓였을 때 원주센터는 지역 단체, 건축가, 예술가, 일반 시민들과 협력하여 보존 활동들을 진행했다. 보존 활동을 시작한 지 7년째 되던 22년 초, 원주시에서 극장을 매입했고 보존 추진위원회에서는 극장 활용 방안을 도출하기 위해 시민 100명을 초청해 함께 논의하는 자리를 만들기도 했다. 원주센터에서는 필름 영사기를 조립하는 교육을 진행해서 필름 영화 상영회를 열고, 지역 예술가들의 작품을 전시하고, 시민 아키비스트 교육을 통해 아카데미 극장을 사진과 글, 그림으로 기록하는 등 다양한 사업들을 진행했다.

> "아카데미 극장은 화재 한 번 난 적이 없어서 단관극장 원형 그대로를 유지하고 있는 국내에서 가장 오래된 극장이에요. 그것만으로도 보존 가치가 있는 거죠. 아카데미 극장 보존 작업을 함께 하면서 '아카이빙'에 더 관심을 두게 된 것 같아요." (홍성현)

비슷한 관심사를 가진 사람들의 만남

'아카이빙'에 대한 홍성현 씨의 관심이 교육과 커뮤니티 활동으로 이어질 수 있었던 것은 아이러니하게도 코로나19라는 초유의 사태 덕분이었다. 코로나19로 인해 사회적 거리두기가 자리 잡히면서 많은 것들이 바뀌었다. 대규모로 진행되던 행사는 작은 단위로 축소되었고, 비대면으로 진행되는 모임이 자연스럽게 일상으로 들어왔다. 이런 현상은 공통의 관심사를 중심으로 소규모 모임을 만들며 느슨하게 관계를 맺는 커뮤니티의 확대로 이어졌다.

원주센터에서는 이러한 상황 속에서 원주센터가 구심점이 되어 '원주형 커뮤니티'를 만들어 보면 좋겠다고 생각했다. 사람들이 모여서 함께 배우고 나와 비슷한 관심사를 가진 사람들을 만날 수 있는 곳, 본업과 별개로 스스로를 성장시키는 사이드 프로젝트를 할 수 있는 곳을 만드는 걸 목표로 '사람을 만나고, 사람이 모일 수 있는 판'을 짜보기로 한 것이다.

많은 고민 끝에 센터에서는 팀원들 모두 각자 하나의 커뮤니티를 만들어 보자는 기조를 세웠고 그 결과, 트래킹과 브이로그 제작을 결합한 '박수칠 때 떠나자', 주제별로 다양한 여성영화를 함께 보는 '사적인 여성영화 클럽', 미디어파사드 작업을 함께 해보는 '프로젝션 맵핑' 등 각양각색의 커뮤니티 워크숍이 기획되었다. 커뮤니티 워크숍을 기획하기로 한 후 홍성현 씨의 머릿속에 첫 번째로 떠오른 것은 바로 원주를 아카이빙하는 모임이었다. 개인적으로 관심은 있었지만 혼자 하기는 어려웠던 아카이빙 작업을 여럿이 모여 함께 한다면 더 재미있을 것 같았다.

'아카이빙'이라는 단어 하나에만 꽂혀있었던 그에게 교육의 구체적인 상을 그릴 수 있게 해준 건, 프로그램 멘토로 참여한 지역 예술가 미자리 작가였다.

"책을 만들자고 한 게 미자리 작가님이었어요. 아카이빙 작업을 하고 책을 만든다고 하면 책에 관심 있는 사람들이 많이 올 거라고 했고, 그게 실제로도 잘 통했어요." (홍성현)

그림책 특화 문화도시이자 유네스코 문학 창의도시로 선정된 지역이라서 그럴까, 원주는 독립 출판과 작은 책방과 같은 문화가 잘 정착된 곳이다. 독립출판교류회, 소북소북페스티벌과 같은 커뮤니티와 마켓도 활발하게 열리고 있고 멘토인 미자리 작가 역시 작은 책방과 연계한 교육과 활동을 꾸준히 해오고 있다. 어쩌면 이러한 문화적 토대 덕분에 '가아클'에 관심을 가진 사람들이 많았는지도 모르겠다.

'가아클'에 모인 사람들은 다양했다. 사진작가, 어반 드로잉 작가, 교사 등으로 구성된 참여자들은 대부분 지역에서 각자 자기만의 방식으로 기록 활동을 해왔거나 책에 대한 관심이 많은 사람들이었다. 교육에 참여한 오현택 작가 역시 좋아하는 동네, 어린 시절 뛰놀던 동네, 사라져가는 동네 등 원주 곳곳을 10년 넘게 사진으로 담고 전시를 해온 지역 예술가다. 중앙동에서 크고 자란 오현택 작가는 '가아클'의 첫 번째 주제였던 '중앙동'에 마음이 동했고, 거기에 더해 책이라는 매체를 만들어 볼 수 있다는 것에 끌려 바로 교육을 신청했다고 한다.

"어렸을 때부터 동네 골목이나 오래된 것에 매력을 많이 느꼈던 것 같아요. 아카이브라는 개념을 몰랐을 때부터 동네를 많이 찍으며 다녔거든요. 그런데 개인 작업은 할 줄 아는데 책을 만들어 본 적은 없어서 구미가 확 당겼어요." (오현택)

주변의 모든 것들이 기록물이 될 수 있다는 깨달음

교육은 총 7회차로 진행되었다. 참여자들은 아카이빙의 주제를 정하고 대상을 기록한 후 디지털과 아날로그 두 가지 방식으로 책을 디자인하고 가제본을 만들었다. 인디자인과 같은 프로그램을 익히는 것만으로도 빠듯할 수 있는 짧은 시간이었지만 수업을 진행한 강사이자 멘토인 미자리 작가는 기능적인 것보다 아카이브에 대한 의미를 더 많이 나누고자 했다. 교육의 목표 자체가 책을 만드는 기술을 익히는 것이 아니라 교육 이후 커뮤니티 모임으로 꾸준한 활동을 지속하는 것이었기 때문이다. 멘토는 다양한 아카이브 작업을 볼 수 있는 개인 소장 책을 20권 넘게 가지고 와서 참여자들에게 소개해줬다. 서울 곳곳에 있는 목욕탕 모습과 사장님들 인터뷰를 담은 책, 성냥갑과 똑같은 외양의 책에 담배 피우는 사람들의 모습만 빼곡히 담은 책, 지우개 사진만 모아놓은, 지우개처럼 고무 재질로 만든 책, 나무의 그루터기만 기록하여 만든 책 등을 보며 기획자도, 참여자도 주변의 모든 것이 아카이브의 소재가 될 수 있다는 것을 알 수 있었다.

"아카이브라고 해서 어떤 거창한 것을 기록하는 게 아니라 내가 기록할 만한 가치가 있다고 생각하면 그게 아카이브가 되는 것이라는 멘토님 말에 다들 조금 더 가벼운 마음으로 작업을 시작할 수 있었던 것 같아요. 지나가는 많은 오브제가 기록물이 될 수 있다는 것을 깨달은 거죠." (홍성현)

따로, 또 함께 원주를 아카이빙하다

첫 번째 아카이빙의 주제였던 '중앙동'은 원주의 원도심이다. 어린 세대에게 중앙동은 낡은 건물이 즐비한 옛날 동네일뿐이지만 윗세대에게 중앙동은 한때 가장 번화했던 곳, 그래서 모든 만남의 중심이 되었던 곳이다. 그만큼 특별한 추억과 이야깃거리를 많이 품고 있다. 일곱 명의 참여자는 서로 다른 경험과 시선을 가지고 중앙동의 여러 면모를 드러내는 기록 작업을 했다.

한 참여자는 원주시 중앙시장을 돌아다니며 모은 이미지들을 이용해 이미지북을 만들었고, 어떤 참여자는 다박골, 원동나래, 남산 등 재개발 지역으로 선정되어 이제는 곧 사라질 장소를 기록하여 엽서로 만들었다. 드로잉을 하는 한 참여자는 중앙동 C

도로의 봄 풍경과 뒷길의 모습을 사진과 글, 그림으로 담아냈다.

인터뷰 사진 오현택 씨

아카이빙 작업이 아니더라도 한 달에 한두 번은 꼭 장에 가곤했다는 오현택 작가는 장날을 주제로 잡았다. 그가 펴낸 첫 번째 책 '장날 수집'에는 물건을 파는 사람들의 뒷모습, 손님이 앉기를 기다리며 나란히 놓여있는 플라스틱 의자, 까만 비닐봉지를 든 사람들의 손, 바구니에 담긴 산나물, 다른 데서는 보기 힘들 것 같은 커피 트롤리 등 시장 구석구석의 정겨운 모습이 담겨있다. 페이지를 한 장 한 장 넘기다 보면 시장의 부산한 소리가 들리는 것 같기도 하고, 복닥거리는 사람들의 에너지가 전해지는 것 같기도 하다. 먼 훗날 언젠가 이 풍경을 더 이상 볼 수 없게 되었을 때, 이 기록물은 누군가에게 중앙동을 추억하며 떠올릴 수 있는 소중한 자료가 될 것이다.

좋아서 시작한 활동이
누군가에게는 영감이 되고

모인 이들 모두, 각자가 좋아서 시작한 활동이었지만 '가아클' 활동을 꾸준히 이어가는 데 특별한 원동력을 만들어 준 순간이 있다. 바로 원주문화도시 축제에서 '가아클'을 소개하는 기회가 생긴 것이다. '가아클'의 활동을 눈여겨본 한 기획자의 요청으로 멤버들은 생전 처음으로 무대에 서서 시민들과 북토크를 했다. 각자 만든 책을 들고서.

한 번의 북토크였지만 그 파급력은 상당했다. 행사를 기점으로 멤버들이 만든 책이 근처 카페와 책방 몇 군데에 배포가 되었고, 그것을 보고 연락을 주는 사람들이 생겼다. 두둑한 북토크 초청비도 모임을 이어가는 데 든든한 힘이 되어주었다.

"그런 무대에서 저희가 애정하는 책들을 소개할 수 있다는 것이 벅차기도 하고 저희를 알아봐 주시는 분들이 늘어나는 것도 즐거운 경험이었어요. 정말 가볍게 만들어 본 책들인데 이런 것이 수익이 될 수도 있겠다는 생각도 처음 해보았고요." (오현택)

 '가아클' 1기의 성공적인 활동에 힘입어 22년에는 2기 멤버를 모집했다. 1기 멤버들이 면접에도 참여해 적극적으로 신규 멤버를 유치하였지만 2기 멤버들 중 남은 건 한 명뿐이다. 2기의 활동은 다큐멘터리를 만드는 것으로 진행되었는데, 작업이 생각보다 어려웠던 것일까. 어쩌면 1기가 만들어낸 결과물을 보고 참여한 신규 멤버들에게 다큐 작업은 기대와는 다른 것이었는지도 모른다. 2년의 활동을 마치고 3년 차를 맞이하는 지금 홍성현 씨의 머릿속은 그 어느 때보다 분주하다.

 "2기 때에는 활동 매체 선정에 있어 시행착오가 있었던 것 같고 우리가 만드는 책이 너무 개인적인 차원에서 머무르는 건 아닌가 하는 고민도 계속 있어요. 개인의 작업물에 '가아클'이라는 팀의 정체성을 담을 방법과 커뮤니티 전체가 함께 성장하는 방법이 무엇일지 계속 생각해보고 있어요." (홍성현)

 올해 '가아클'의 활동은 임시 휴업이다. 매월 정기 모임은 계속 진행하지만, 공식적인 작업은 잠시 쉬며 숨을 고르기로 했다. 멤버들 개인의 일정이 바빠진 탓도 있지만, 2년 동안 활동을 진행하며 생긴 고민을 풀지 않고 무작정 달려서만은 안 될 것 같다는 판단에서다. 홍성현 씨와 '가아클' 멤버들의 고민을 풀어줄 작은 실마리가 잡히는 순간, '가아클'의 활동은 이전보다 더 큰 에너지를 품고, 더 많은 가능성을 향해 달려가게 될 것이다.

"저는 기록의 힘과 초록의 힘을 믿어요. 봄과 여름, 모든 것이 초록으로 물들 때의 에너지, 잊혀가는 것을 누군가가 기억하고 공감할 때 생기는 힘, 이 두 가지가 저한테는 굉장히 소중한 부분이에요." (오현택)

사진을 전공하지 않았지만, 사진의 매력에 이끌려 어렸을 적, 누나의 똑딱이 카메라로 무작정 사진을 찍었다는 오현택 작가는 10년 넘게 동네 곳곳을 사진에 담아왔다. '가아클' 활동을 하면서 그 기록들이 갖고 있는 무궁무진한 가능성을 발견하게 되었다는 그는, 그저 좋아서 해왔던 것들이 누군가에게 영감을 줄 수 있다는 사실이 놀랍고도 즐겁다. 공간마다 켜켜이 쌓인 시간이 간직하고 있는 과거의 이야기를 누군가와 함께 나누고 공감할 수 있다는 사실이 행복하기에 그는 앞으로도 기록을 멈추지 않을 것이다.

사람과 이야기를 모으고 연결하는 힘

"개인의 기록이 결국 시대의 기록이 된다고 생각해요. 다양하고 고유한 개인의 기록을 요즘 사람들이 쉽게 접근할 수 있는 콘텐츠로 바꾸는 것, 그것이 요즘 제가 미디어센터의 스태프로

서 고민하는 부분이에요." (홍성현)

처음 '가벼운 아카이빙북 클럽'을 기획했을 때는 센터의 다른 구성원들에게 '가아클'의 활동과 의미를 설득하는 게 쉽지 않았다는 홍성현 씨. 하지만 그에게 주어진 2년의 시간 동안 치열하게 고민하고 시행착오를 겪으며 '아카이빙'이 갖고 있는 가치와 그에 대한 사람들의 관심을 확인할 수 있었다. 이제는 거기에서 더 나아가 미디어센터에서 '아카이빙'의 의미는 무엇인지, 미디어센터의 역할 안에서 '아카이빙'을 어떤 방식으로 풀어나갈지 고민을 시작했다.

"이제는 도서관에서 미디어교육을 하고, 도시재생센터에서 콘텐츠 제작교육을 하거든요. 불과 몇 년 전까지만 해도 미디어센터에서만 하는 거였는데 이제 다른 곳에서도 다 하는 거예요. 이제는 미디어센터가 했던 것이라고 그것을 기능적으로 계속하는 건 아무 의미가 없는 것 같아요." (홍성현)

미디어센터만이 할 수 있는 일이 남아있는지 모르겠다는 그는 미디어센터의 역할을 다르게 고민하기 시작했다. 그동안 미디어센터가 오랫동안 해왔던 미디어교육을 기능적으로 반복하는 것은 지양하고 오히려 사람들을 모으고 연결하는 역할, 사람들의 이야기를 발굴하고 기록하고 콘텐츠로 만들어 소통을 촉진하는 역할에 집중하는 것이다. 그 연장선상에서 그는 '어르신 자서전 쓰기' 사업을 새롭게 기획 중이다.

"어르신 자서전 쓰기 교육이 항상 책 만들기에서 끝났는데 21

년도에 제가 담당자가 되면서 어르신의 자서전을 음악으로 만들어 보고 싶다고 생각했어요. 자전적인 이야기를 가사로 쓰고, 어르신들이 노래까지 부르면 같은 자서전이지만 더 매력적인 콘텐츠가 될 것 같았거든요. 그래서 지역 안에서 음악 하시는 분들을 연계해서 합창곡을 만들었어요." (홍성현)

그동안 책으로만 만들어온 어르신 자서전을 음악이라는 새로운 형식에 담아내는 작업을 했던 그는 올해는 '시니어 오디오 드라마'를 만들어 보려고 생각 중이다. 라디오가 익숙한 노년층에게 '오디오 드라마'는 유튜브를 만드는 것보다 훨씬 더 편안하고 재미있을 것이고, 상상력을 더 많이 자극할 수 있는 오디오 매체가 젊은 세대에게도 매력적으로 다가갈 수 있을 것 같단다.

"이런 것도 어떻게 보면 아카이브 활동이 아닐까요? 개인의 이야기를 계속 기록하고 우리만의 방식으로 표현하는 거요." (홍성현)

원주센터는 스태프 개인의 고민과 성과가 조직 안으로 잘 이어지는 조직이라며, 덕분에 고민하는 것들의 방향성과 정체성이 느리더라도 제 길을 찾아가고 있는 것 같다는 홍성현 씨의 말에 그의 다음 발자국이 매우 궁금해졌다. 개인의 기록이 시대의 기록이 되는 것처럼, 센터 스태프 한 사람 한 사람의 고민과 관심사가 모여 센터가 나아갈 길을 만들어 갈 테니까. 그의 다음 발자국이 원주센터의 내일이 될 테니까. 미디어센터의 새로운 역할을 고민하는 마중물과도 같은 원주센터의 커뮤니티 워크숍 역시 앞으로 지역 안에서 어떻게 뿌리내리고 뻗어나갈지 많이 기대된다.

*

1963년 9월 단관극장으로 문을 연 아카데미 극장은 2023년 10월, 원주시의 철거 집행으로 역사 속으로 사라졌다.

우리동네 지역미디어센터 찾기

※ 전국미디어센터협의회 회원센터

권역	연번	센터명	주소
서울	1	강서뉴미디어지원센터	서울 강서구 우장산로 66 2층
	2	노원마을미디어지원센터	서울 노원구 노원로26가길 12
	3	답십리영화미디어아트센터	서울 동대문구 답십리로 210-9
	4	미디어센터 관악	서울 관악구 남부순환로 1491 6층
	5	불광천미디어센터	서울 은평구 증산로 476
	6	성북마을미디어지원센터	서울 성북구 아리랑로 82 아리랑시네센터 4층
	7	영상미디어센터 미디액트	서울 마포구 서강로9길 52 3층
	8	은평뉴타운도서관 미디어라이브러리센터	서울 은평구 진관2로 111-51
	9	중랑미디어센터	서울 중랑구 용마산로 209 공공기여시설 104동 B1
	10	충무로영상센터 오재미동	서울 중구 퇴계로 214 충무로역사 지하1층
인천	11	주안영상미디어센터	인천 미추홀구 석바위로 68 주안필프라자 7층, 8층
경기	12	고양영상미디어센터	경기 고양시 덕양구 어울림로 33
	13	군포시미디어센터	경기 군포시 산본천로 111 3층
	14	부천시민미디어센터	경기 부천시 원미구 장말로 107
	15	성남미디어센터	경기 성남시 분당구 성남대로 808 성남아트센터 큐브플라자 1층
	16	수원시미디어센터	경기 수원시 팔달구 창룡대로 64
	17	안성미디어센터	경기 안성시 발화대길 21 주민편의동 2층
	18	용인시미디어센터	경기 용인시 기흥구 동백죽전대로 509 문화시설 2층
	19	포천미디어센터	경기 포천시 호국로 1423 4층
	20	화성시미디어센터	경기 화성시 노작로 158

	21	강릉시영상미디어센터	강원 강릉시 율곡로 2923-12 행복한모루 4층
강원	22	원주영상미디어센터	강원 원주시 원일로 139 건강문화센터 4층
	23	폐광지역통합영상미디어센터 (도계미디어센터)	강원 삼척시 도계대한길 24
	24	화천생태영상센터	강원 화천군 하남면 용화산로 1357
충북	25	제천영상미디어센터	충북 제천시 의림대로 242
	26	청암미디어센터	충북 옥천군 옥천읍 중앙로 13-3
충남	27	서산시영상미디어센터	충남 서산시 부춘공원2로 11
	28	서천군미디어문화센터	충남 서천군 장항읍 장항로145번길 30
	29	천안시영상미디어센터	충남 천안시 동남구 중앙로 111
전북	30	완주미디어센터	전북 완주군 고산면 고산로 70-10
	31	익산공공영상미디어센터	전북 익산시 인북로 424
	32	전주시민미디어센터	전북 전주시 완산구 전주객사4길 46 기린오피스텔 5층 501호
전남	33	순천시영상미디어센터	전남 순천시 금곡길 25
광주	34	동구영상미디어센터	광주 동구 남문로 646
대구	35	대구시민미디어센터	대구 중구 명덕로 175-1 309호
	36	대구영상미디어센터	대구 수성구 유니버시아드로 140 대구스타디움몰
	37	수성영상미디어센터	대구 수성구 달구벌대로528길 15 수성대학교 성요셉관 B1층
경북	38	구미영상미디어센터	경북 구미시 산책길 75
경남	39	김해문화의전당영상미디어센터	경남 김해시 김해대로 2060 김해문화의전당
	40	미디어센터 내일	경남 진주시 동부로169번길 12 A동 307호
제주	41	제주영상.문화산업진흥원 미디어센터	제주특별자치도 제주시 신산로82

세상 모든 것에 감탄하는
지혜로운 사람들의 공간

도서출판 호밀밭

지역·미디어·교육
생애주기 미디어교육부터 아카이빙 교육까지

ⓒ 2024, 전국미디어센터협의회

초판 1쇄   2024년 01월 30일

기   획   전국미디어센터협의회
책임집필   경희령, 황다경
책임기획/편집   김예은, 김진숙
펴 낸 이   장현정
편 집 장   박정은
디 자 인   서승연

펴 낸 곳   호밀밭
등   록   2008년 11월 12일(제338-2008-6호)
주   소   부산광역시 수영구 연수로357번길 17-8
전   화   051-751-8001
팩   스   0505-510-4675
홈페이지   homilbooks.com
전자우편   homilbooks@naver.com

ISBN   979-11-6826-176-1 (03370)